EICHBORNS TASCHEN-UNI

SÜSS- UND SALZWASSER-FISCHE

Eichborn

Die englische Originalausgabe erschien unter dem Titel
Fresh and Saltwater Fish bei HarperCollins Publishers Ltd.
Autor: Michael Prichard
Übersetzung: Sonja Schadwinkel
Illustrationen: Keith Linsell
Herausgeber der deutschen Ausgabe: Hermann Rotermund

Die Deutsche Bibliothek – CIP-Einheitsaufnahme

Prichard, Michael:
Süß- und Salzwasserfische / Michael Prichard. Ill. von Keith Linsell.
Aus dem Engl. von Sonja Schadwinkel. – Frankfurt am Main: Eichborn, 1994
 (Eichborns Taschen-Uni)
 ISBN 3-8218-0610-9
NE: Linsell, Keith [Ill.]

© HarperCollins Publishers Ltd.
© Vito von Eichborn GmbH und Co. Verlag KG,
Frankfurt am Main, Januar 1994
Umschlaggestaltung: Rüdiger Morgenweck
Satz: TechnoScript, Bremen
Druck und Bindung: Amadeus S.p.A., Rom
ISBN 3-8218-0610-9
Verlagsverzeichnis schickt gern:
Eichborn Verlag, Kaiserstraße 66, 60329 Frankfurt

Inhalt

Kopf eines Heringshais

Einleitung	8
Ein kurzer Wegweiser durch dieses Buch	10
Der Lebensraum Süßwasser	18
Fluß- und Meerneunauge	20
Stör	22
Die Maifische	24
Lachs und Buckellachs	26
Bachforelle und Seeforelle	30
Meer- und Regenbogenforelle	34
Wander- und Bachsaibling	36
Maränen oder Renken	38
Äsche und Stint	40
Hecht	42
Plötze, Rotfeder	47
Hasel	50
Döbel	52

Aland und Goldfisch	55
Elritze und Gründling	56
Rotfeder	58
Schleie	62
Barbe	66
Ukelei, Bitterling und Güster	68
Blei	70
Karpfen: Schuppen-, Spiegel- und Lederkarpfen	72
Karausche	75
Schmerle und Steinbeißer	76
Wels und Quappe	79
Flußaal	80
Stichlinge	84
Flußbarsch	86
Zander	88
Kaulbarsch und Forellenbarsch	90
Sonnenbarsch, Groppe und Strandgrundel	93
Der Lebensraum Meer	94
Heringshai und Makrelenhai	96
Riesenhai	98
Fuchshai und Hammerhai	100
Blauhai	103
Glatthaie und Dornhai	104
Großgefleckter und Kleingefleckter Katzenhai	106
Hundshai	108
Nagelrochen	110
Blonde und Fleckenrochen	112
Sternrochen und Kuckucksrochen	114
Sandrochen, Hellfleckiger Rochen und Marmorrochen	116
Schwarzer Zitterrochen und Stechrochen	118

Weißrochen und Spitzrochen	122
Sprotte und Hering	124
Sardine und Anchovi	126
Hornhecht und Makrelenhecht	128
Meeraal	130
Seenadeln	134
Kabeljau	137
Schellfisch	140
Franzosendorsch und Wittling	142
Pollack und Köhler	145
Zwergdorsch, Lumb und Blauer Wittling	146
Leng und Seehecht	148
Gabel- und Froschdorsch	150

Seequappen	152
Mondfisch und Gotteslachs	154
Petersfisch und Eberfisch	156
Stöcker	158
Makrele	160
Streifenbarbe und Brachsenmakrele	162
Wolfsbarsch	165
Streifenbrasse und Graubarsch	168
Gefleckter Lippfisch	170
Kuckuckslippfisch	172
Klippenbarsch, Meerjunker, Kleinmäuliger Lippfisch und Goldmaid	174
Petermännchen	176

Gestreifter Seewolf	178
Thunfisch und Schwertfisch	180
Blaumaul, Kleiner und Großer Rotbarsch	182
Seekuckuck und Roter Knurrhahn	184
Grauer, Langflossen-, Langstacheliger und Gestreifter Knurrhahn	186
Groppen und Gestreifter Leierfisch	188
Seestichling	190
Aalmutter und Schleimfische	192
Grundeln	194
Großer und Kleiner Sandaal	196
Seehase und Butterfisch	198
Steinpicker und Wrackbarsch	200
Meeräschen	202
Goldmeeräsche	204
Schan	205
Heilbutt und Schwarzer Heilbutt	206
Steinbutt und Glattbutt	208
Flügelbutt, Lammzunge und Haarbutt	210
Links- und rechtsseitige Plattfische	212
Kliesche und Doggerscharbe	214
Scholle und Flunder	216
Rotzunge und Hundszunge	218
Seezunge und Zwergzunge	220
Seeteufel und Meerengel	222
Stammbäume und Taxonomie	224
Stammbaum der Knochenfische	226
Stammbaum der Knorpelfische	228
Literatur	231
Register der deutschen Namen	232
Register der lateinischen Namen	235

Einleitung

Was ist ein Fisch? Lange Zeit herrschte Uneinigkeit darüber, welche die richtige Definition sei. Die meisten Leute glaubten, daß alles, was im Wasser lebt, ein Fisch sein müßte. Andere wiederum meinten, daß der Besitz von Flossen ein wichtiges Merkmal sei. Doch dadurch würde man Fische und Säugetiere in dieselbe Tiergruppe einordnen.

Die einfachste Definition eines Fisches ist wohl, daß er sein Leben lang an das Wasser gebunden ist, durch seine Kiemen den Sauerstoff der Umgebung aufnimmt und ein Kaltblüter ist. Außerdem hat er keine Plazenta und kann seine Jungen nicht säugen. Im Wasser lebende Säugetiere, wie Wale und Seehunde, besitzen zwar Flossen, sind aber Warmblüter, tragen ihre Jungen aus und säugen sie eine bestimmte Zeit lang. Höhere Säugetiere lehren ihren Jungen sogar ein Familien- und Sozialverhalten. Es würde zu weit gehen, dies mit der Brutpflege einiger Fische zu vergleichen, obwohl bestimmte Arten Nester bauen und die Eier sowie teilweise noch die geschlüpfte Brut bewachen. Normalerweise kümmern sich die Fische wenig um ihre Nachkommen, sondern entlassen ihre Eier und Milch einfach frei ins Wasser. Die befruchteten Eier werden sich selbst überlassen und müssen dann so gut wie möglich allein überleben.

Obwohl sie Wirbeltiere sind, besitzen nicht alle Fische ein Knochenskelett. Einige Arten, wie Haie und Rochen, haben eine knorpelige Skelettstruktur. Sie ent-

Ein naturbelassen sich windender Fluß gibt vielen Süßwasserarten Lebensraum.

wickelten sich nach der Devonperiode und sind somit um vieles älter als die echten Knochenfische. Dennoch haben sich diese einfache Skelettarten bis heute halten können. Es gibt ungefähr 20 000 Fischarten auf der Welt, die im Süß- und Salzwasser leben. Ungefähr 5 000 davon findet man im Süßwasser, und einige wenige, wie Lachs, Stör und Aal, machen periodische Wanderungen zwischen beiden Wasserarten.

Ein kurzer Wegweiser durch dieses Buch

Fische lebten schon vor Jahrmillionen auf unserer Erde, lange bevor es die uns heute bekannten Tiere gab. In dieser Zeit spielte sich das meiste Leben im Wasser ab. Sogar die Dinosaurier brauchten das Wasser, um ihre massigen Körper zu stützen. Obwohl Fische rudimentäre Körperanhänge besitzen, haben sie nie wirklich an Land gelebt.

Die Knorpelfische entwickelten sich als erstes, gefolgt von zwei anderen Gruppen: den Knochenfischen und den Rundmäulern (Neunaugen und Inger). Zu der Gruppe der Knochenfische zählt bei weitem die größte Anzahl der im Süß- und Salzwasser lebenden Arten. Ein Wissenschaftler würde sagen, daß genau genommen nur die Knochenfische ›echte Fische‹ sind. Für die Bestimmung werden wir sie auch ›echte Fische‹ nennen.

Vieles, was wir über frühere Fischformen kennen, wissen wir aufgrund von fossilen Überresten. In Natur-

Die Erdzeitalter

Rezent	Pliozän	Oligozän	Eozän	Kreide		Jura	Trias
				Säugetiere – Vögel			
				Reptilien			
				Fische			

Vorherrschende Tiergruppen

historischen Museen kann man einige sehr gut erhaltene Exemplare finden, die uns zeigen, daß es bei den Fischen im Laufe der Zeit nur wenige Veränderungen im Bauplan gab.

Die Bestimmung von Fischen wird erheblich leichter, wenn wir den folgenden Katalog von Merkmalen durchgehen:

1. Körperform
2. Lage und Anzahl der Flossen; sind es harte oder weiche Flossenstrahlen
3. Besitz von Zähnen und ihre Beschaffenheit
4. Beschaffenheit der Haut und der Schuppen sowie Anzahl der Seitenlinienschuppen
5. Farbe der Haut und der Schuppen
6. Besitz von Dornen, Stacheln, Bartfäden, Knötchen, farbigen Flecken, sichtbaren Geschlechtsanhängen oder anderen auffälligen Merkmalen

Zu 1. Um einen Fisch genau bestimmen zu können, fragt man als erstes: ›Ist der Fisch groß oder klein?‹

00 Millionen Jahre					400 Millionen Jahre	
Perm	Oberkarbon	Unterkarbon	Devon	Silur	Ordovizium	Vorherrschaft der Wirbellosen →

Dann: ›Ist er rund oder flach?‹ Hat man die Größe und Form eines Fisches bestimmt, verringert sich die Anzahl der in Frage kommenden Arten erheblich.

Zu 2. Die Flossen, wichtig für die Fortbewegung, sind in Anzahl sowie Lage am Körper von einer Art zur anderen verschieden. Einige Fische, wie z. B. der Kabeljau, haben drei Rückenflossen. Wenn man also einen marinen Fisch mit dieser Anzahl an Rückenflossen sieht oder fängt, kann man ihn sofort in die Familie der Dorsche einordnen, was die richtige Bestimmung erleichtert.

Zu 3. Alle Fische haben Zähne, aber sie sind nicht immer sichtbar! Der im Süßwasser lebende Karpfen besitzt

Anatomie des **Barsches**

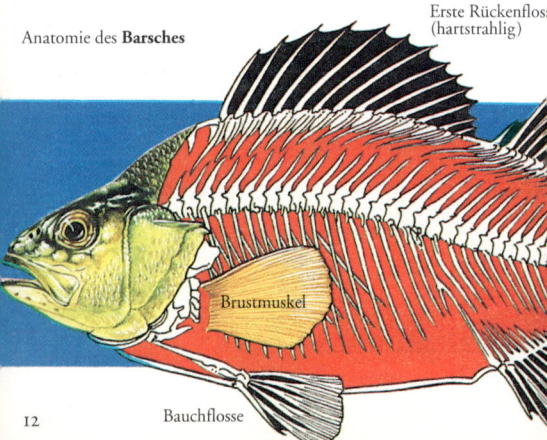

Erste Rückenflosse (hartstrahlig)

Brustmuskel

Bauchflosse

Schlundzähne, um seine Nahrung zu zermahlen. Haie haben gefährliche Zähne, die deutlich sichtbar und zum Zerschneiden und Zerreißen von Fleisch geeignet sind. Der Wittling wiederum hat den Mund voller kleiner, scharfer Zähne, bestimmt für das Ergreifen und Festhalten kleinerer Fische.

Zu 4. Fische haben in die Haut eingebettete Schuppen. Oftmals sind sie groß, weich und gut sichtbar. Diese werden als *cycloide* Schuppen bezeichnet. Es gibt einige Arten, die so winzig kleine Schuppen besitzen, daß sie als glatte Haut erscheinen. Die Schuppen sind gewöhnlich mit einem schützenden Schleim überzogen, der eine Barriere zum Wasser bildet und vor Infektionen schützt. Der Wolfsbarsch hat harte Schuppen mit einer Erhebung an der hinteren Kante. Diese nennt man *ctenoide* Schuppen.

Viele Handbücher empfehlen das Zählen der *Seiten-*

Zweite Rückenflosse (weichstrahlig)

Afterflosse   Schwanzflosse

*linien*schuppen bei Fischen. Die Seitenlinie ist eine bestimmte Schuppenlinie entlang jeder Körperseite, welche als Sinnesorgan dient und es dem Fisch ermöglicht, Schwingungen zu spüren und die Entfernung von Hindernissen unter Wasser abzuschätzen. Dies ist ein gutes Bestimmungsmerkmal für Fische einer reinrassigen Art. Aber im Süßwasser kommt es häufig vor, daß sich sehr nah verwandte Arten kreuzen. Mischlinge, obgleich sie meist einem Elternteil sehr ähnlen, können so ihre eigene Anzahl an Seitenlinienschuppen haben.

Zu 5. Die Farbe der Haut oder Schuppen allein eignet sich nicht als Bestimmungsmerkmal. Die Körperfarbe eines Fisches kann von den Farben in der Umgebung abhängen. Der Dorsch ist hierfür ein gutes Beispiel; er nimmt eine rötliche Färbung an, wenn er die Rotalgenzone bewohnt (›Rotdorsch‹). Die Forelle *Salmo trutta* wurde aufgrund ihrer vielen verschiedenen Färbungen sogar in unterschiedliche Arten unterteilt. Der Lebensraum bedingt also oft die Farbe und in geringem Maße

Ein lebendes Fossil, der Coelacanthier *Latimeria chalumnae*

sogar die Körperform eines Fisches. Die Schleie zum Beispiel ist sowieso schon schwer von nah verwandten Arten zu unterscheiden und hat zudem noch innerhalb der Art verwirrende Färbungen. Der Kuckuckslippfisch ist eine der Arten, die ganzjährig unterschiedliche Färbungen zwischen den Geschlechtern aufweisen. Ein naher Verwandter, der gefleckte Lippfisch, zeigt zwar keine farblichen Unterschiede zwischen den Geschlechtern, jedoch gibt es eine phantastische Vielfalt in der Färbung von Tieren aus ein und demselben Lebensraum. All dies hat Angler und Naturfreunde glauben lassen, sie hätten unterschiedliche Arten vor sich, anstatt Farbvarianten innerhalb einer Art oder zwischen den Geschlechtern.

Zu 6. Betrachtet man Rochen, fällt auf, daß einige besondere Flecken, andere scharfe Dornen aufweisen. Die Lage und Art solcher Zeichnungen und Dornen ist der Schlüssel zu ihrer Bestimmung.

Bei den größeren Seefischen sind äußere Merkmale leichter zu entdecken. Der Heringshai besitzt sehr ausgeprägte seitliche Kiele, an denen man ihn leicht erkennen kann. Dornhaie und Glatthaie sind sich sehr ähnlich, bis man Flossen und Maul näher betrachtet hat. Ein langer, scharfer Dorn, der vor jeder Rückenflosse sitzt, gibt dem Dornhai seinen Namen. Glatthaie sind aus derselben Familie wie Dornhaie, sie ernähren sich nur von anderen Beutetieren. Deswegen besitzen sie flache Mahlzähne, mit denen sie Krabben und andere Krebse zermalmen können. Die kleinen, nadelähnlichen Zähne der Dornhaie hingegen sind bestens geeignet, pelagische, d. h. im freien Wasser lebende Schwarmfische zu ergreifen, bevor sie in tiefere Wasserschichten entfliehen können.

Haie und Rochen haben sichtbare äußerliche Unterschiede. Die Männchen zum Beispiel besitzen ein Paar länglicher Haken (Pterygopoden). Dies sind umgewandelte Bauchflossenstrahlen, die zum Festhalten der Weibchen und zur inneren Befruchtung dienen. Diese innerliche Befruchtung unterscheidet sie ebenfalls von den Knochenfischen.

Als eine letzte Bestimmungshilfe dient die Frage, ob der Fisch sich einem speziellen Habitat zuordnen läßt. Eine Flunder weit stromaufwärts zu finden ist nicht ungewöhnlich, da diese sonst marine Art sehr tolerant gegenüber Süßwasser ist und alljährlich zur Nahrungsaufnahme in die Flüsse wandert. Einige Flundern besitzen aufgrund einer Bastardisierung mit Schollen rote Punkte. Da aber Schollen nie im Süßwasser erscheinen, kann man sie nicht verwechseln.

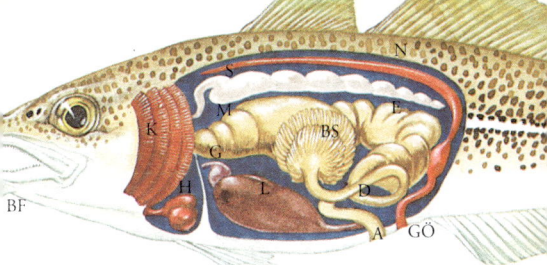

Die inneren Organe am Beispiel
eines weiblichen **Kabeljaus**

Kabeljau
- K – Kiemen
- H – Herz
- S – Schwimmblase
- M – Magen
- N – Niere
- E – Eierstock
- D – Darm
- A – After
- GÖ – Geschlechtsöffnung
- L – Leber
- G – Galle
- BS – Blindsäcke
- BF – Bartfaden

Dornhai
- Mi – Milz
- D – Darm
- P – Pankreas
- L – Leber
- H – Herz
- Ho – Hoden
- N – Niere
- M – Magen
- W – Wirbelsäule

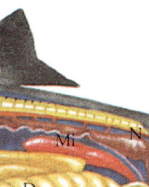

Dornhai, männlich

Der Lebensraum Süßwasser

Im Wasser finden Fische sowohl Nahrung als auch lebenswichtigen Sauerstoff. Regen und Schmelzwasser aus den Bergen führen dabei ständig neues, sauerstoffreiches Wasser zu. Er kann aber auch aus der Umgebungsluft aufgenommen werden, wenn Wind über die Wasseroberfläche weht oder Wasser rasch, wie z. B. bei einem Wasserfall, über eine Schwelle fließt. Die Wasserpflanzen mit ihrer Photosynthese haben jedoch den größten Anteil am Sauerstoffeintrag.

Fische brauchen sauberes und sauerstoffreiches Wasser. Dennoch haben die verschiedenen Arten unterschiedliche Ansprüche an den Sauerstoffgehalt des Wassers. So benötigt z. B. die Forelle *Salmo trutta* sehr sauerstoffreiches Wasser, während der Karpfen *Cypri-*

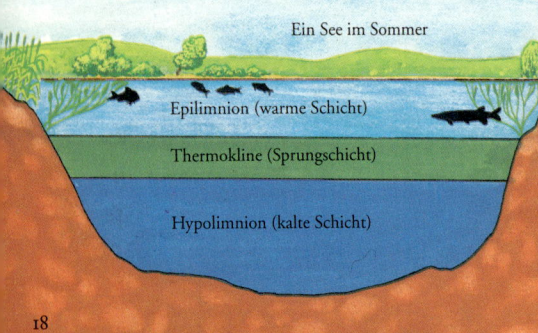

nus carpio in Gewässern mit weniger Sauerstoff überleben kann. Einige Fische sind also toleranter als andere, aber nur wenige können in wirklich stark verschmutzten Gewässern, wie es leider viele durch die Einleitung giftiger Substanzen sind, überleben.

Der Fisch sucht sich den für ihn geeignetsten Lebensraum. Auf der Suche nach Nahrung unternimmt er oft, ob als einzelnes Tier oder in Schwärmen, tagesperiodische (häufig vertikale) Wanderungen. Einige Fischarten machen auch saisonale Wanderungen entweder zur Laichzeit, oder um z. B. im Winter geeignetere Temperaturbereiche aufzusuchen. Jungfische halten sich häufig von gleichartigen Erwachsenen fern, da Kannibalismus nicht selten ist. Fische derselben Art zeigen in Flüssen ein etwas anderes Wanderverhalten als in Stillgewässern. Wie unten dargestellt, verändern sich die Wasserschichten in einem See über die Jahreszeiten. Dies ist in Flüssen weniger stark ausgeprägt.

Ein See im Winter

Kältestes Wasser an der Oberfläche

Wärmstes Wasser am Boden

Flußneunauge und Vergrößerung der Mundscheibe

FLUSSNEUNAUGE *Lampetra fluviatilis* Linné

Dieser Fisch und sein naher mariner Verwandter, das Meerneunauge *Petromyzon marinus* Linné, haben wenig gemeinsam mit den Knorpel- oder Knochenfischen. Es sind primitive Wirbeltiere mit einer knorpeligen Skelettstruktur und einem aalartigen Körper. Neunaugen besitzen weder paarige Flossen noch Schuppen. Ihr Saugmund ist das wichtigste Merkmal. Er ist trichterförmig und im Falle des Flußneunauges mit einer Reihe horniger Zähne bestückt. Der Saugmund des Meerneunauges weist sogar mehrere Reihen dieser Zähne auf. Mit ihm können sie ihre Beutefische festhalten und ihnen dann das Blut aussaugen. Damit das Blut bei der Nahrungsaufnahme nicht gerinnt, infiltrieren die Neunaugen eine dies verhindernde Substanz.

Neunaugen haben einen rudimentären Kiemenapparat. Das Atemwasser kann sowohl durch das Maul aufgenommen werden als auch, wenn dies gerade an einem Beutefisch haftet, durch die sieben Kiemenöffnungen eingesogen und wieder ausgestoßen werden. Sie besitzen keine Kiemendeckel oder Schwimmblase. Beide

Meerneunauge und Vergrößerung der Mundscheibe

Arten verbringen die meiste Zeit ihres Lebens im Salzwasser und kommen nur zum Laichen in die Flußunterläufe. Die laichbereiten Fische machen während ihrer Wanderung flußaufwärts eine körperliche Veränderung durch; die Rückenflossen vergrößern sich, und die Nahrungsaufnahme wird eingestellt.

Gelaicht wird von Februar bis Juni in einer vom Männchen vorbereiteten Nestgrube auf steinigem Grund. Nach der Eiablage sterben die erwachsenen Tiere. Aus Tausenden von Eiern schlüpfen nach ein paar Wochen blinde, zahnlose Larven (Querder), welche sich in den Schlamm des Flußbettes eingraben. Nach zwei bis fünf Jahren erst findet die Umwandlung zu Neunaugen statt, die dann ins Meer abwandern.

Noch bis Mitte dieses Jahrhunderts wurden Flußneunaugen wie auch Meerneunaugen in großer Anzahl mit Netzen und Aalkörben in den deutschen und europäischen Flüssen gefangen. Gut geräuchert sind sie sehr wohlschmeckend.

STÖR *Acipenser sturio* Linné

Der Stör ist weit bekannt als der Fisch, der uns den Kaviar liefert. Er kann zu enormen Größen heranwachsen. Aus Ostfriesland wird berichtet, daß einst sogar ein 2 m langer Stör aus der Ems gefischt wurde.

Der nur in der nördlichen Hemisphäre verbreitete Stör weist viele urtümliche Merkmale auf. Der lange, stromlinienförmige Körper wie auch der Kopf sind mit fünf Reihen harter Knochenschilder bedeckt. Vier Bartfäden stehen in einer Querreihe am Unterkiefer. Die Schnauze ist spitz, und das zahnlose Maul ist vorstreckbar und damit gut geeignet, um nach Beute im weichen Untergrund zu wühlen. Der Stör hat einen kraftvollen Schwanz mit einer größeren oberen Schwanzflosse. Die anderen Flossen sind allerdings im Vergleich zum übrigen Körper eher klein.

Aus der Schwimmblase wird Fischleim gewonnen, welcher für die Produktion von Süßwaren, aber auch zum Verfeinern alkoholischer Getränke benutzt wird.

Der sonst marin lebende Fisch wandert zum Laichen weit ins Süßwasser und wird deshalb in den Flußmündungen, die auch Ästuare genannt werden, häufig gefangen. Die südrussische Störart, der Hausen, liefert den Staaten der GUS eine ihrer wichtigsten Exportwaren, den Kaviar. In unseren Flüssen ist er durch die zunehmende Wasserverschmutzung und Stromverbauung allerdings fast ausgestorben.

DIE MAIFISCHE

Diese heringsartigen Fische sind anadrome Wanderer, was bedeutet, daß sie die meiste Zeit ihres Lebens im Salzwasser verbringen und nur zum Laichen ins Süßwasser wandern, um danach wieder ins Meer zurückzukehren. Aus den im Wasser treibenden Eiern schlüpfen nach zwei Wochen die Larven. Für zwölf Monate oder länger verbleiben die Jungfische in den Flußunterläufen. Dort ernähren sie sich von Plankton.

Alse

Der Lebensraum Ästuar

Die **Alse** oder auch **Maifisch** *Alosa alosa* Linné ist ein länglicher, silbriger Fisch mit einem tief dunkelblauen Rücken und seitlichen Flecken. Die sonst bei allen Rundfischen gut sichtbare Seitenlinie ist bei diesen Arten eher unscheinbar. Die eigentlichen Unterscheidungsmerkmale zwischen beiden sind die seitlichen Flecken und Reusendornen. Die Alse hat hinter dem Kiemendeckel einen großen Fleck und dahinter mehrere kleinere, etwas bläßlichere Punkte. Die Finte weist 6-10 Flecken in einer Reihe auf. Die Alse hat über 100 dichte Reusendornen an dem ersten Kiemenbogen im Unterschied zur Finte mit ungefähr 50. Das maximale Gewicht beider Arten ist ca. 1,5 kg.

Die **Finte** *Alosa fallax* Lacépède ist weiter verbreitet als ihre nahe Verwandte. Man findet sie sowohl in Ästuaren als auch in küstennahen Gewässern von Norwegen bis zur Türkei. Ihre Nahrung besteht aus Fischbrut. Beide Arten haben keine große wirtschaftliche Bedeutung, obwohl sie während ihres Laichzuges ins Süßwasser oft in die für Aale gemachten Netze gehen.

LACHS *Salmo salar* Linné

Der Lachs beginnt sein Leben weit stromaufwärts in großen, kalten und sauerstoffreichen Flüssen. Im Spätherbst bzw. im frühen Winter gräbt das Weibchen an flachen, schnell fließenden Stellen eine Kiesgrube und laicht darin ab. Danach fächelt sie lockeren Kies über die befruchteten Eier. Die Funktion des Männchens, abgesehen von der Befruchtung der Eier, ist die Bewachung des Nestes, damit es nicht von später ankommenden Lachspaaren wieder ausgegraben wird.

Mit großer Anstrengung ziehen die laichbereiten Lachse Tausende von Kilometern vom Meer in die Flüsse ihrer Geburt. Diverse Torturen wie Stromschnellen begegnen ihnen auf ihrem Weg stromauf, außerdem nehmen sie keine Nahrung mehr zu sich. Die Fettreserven haben sie sich vorher in den futterreichen Gebieten um Grönland und Island angefressen. Viele sterben nach dem Laichen. Nur wenige erwachsene Tiere lassen sich mit dem Strom wieder in Richtung Meer treiben. Die abgemagerten Lachse sind dann nur noch Schatten ihrer selbst.

Abhängig von der Wassertemperatur schlüpfen die Larven in 90 - 130 Tagen. Die frischgeschlüpften Larven zehren erst an ihrem Dottersack und entwickeln sich langsam zu Jungfischen (Juvenile). Auf dem schwarzen Rücken zeichnet sich dann ein farbenreiches Muster ab, und die hellsilbernen Seiten zeigen dunkle Vertikalstreifen und rote Flecken, das sogenannte Parrkleid. Die sich von Plankton ernährenden Junglachse wachsen in warmem Wasser recht schnell. Einige verbleiben nur ein Jahr, andere drei Jahre im Süßwasser.

Verbreitung des Lachses

Lachs

♂

♀

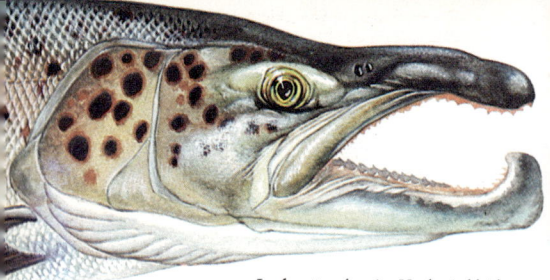

Lachsmännchen im Hochzeitskleid
mit Laichhaken

Wenn sie in die See wandern, wechseln sie ihr Farbkleid erneut. Man nennt sie nun aufgrund ihrer silbernen Farbe Blanklachse.

Der ausgewachsene Lachs ist kraftvoll und von stromlinienförmiger Gestalt. Sein Rücken erscheint blauschwarz, die Seiten silbern und der Bauch cremeweiß. Im Süßwasser tragen beide Geschlechter ihr ›Hochzeitskleid‹, und die Farbe verändert sich mehr ins Rötliche. Die Männchen sind dann gut durch ihren ›Laichhaken‹ zu unterscheiden, den hakenförmig verlängerten Unterkiefer, der so groß ist, daß sie das Maul häufig nicht mehr schließen können. Ein bis vier Jahre

Lachsfliege
für
Flachwasser
(Silver Blue)

Vollbestückte
Lachsfliege

(Thunder & Lightning)

Die Fettflosse, einen fleischigen Anhang ohne Strahlen, findet man an der Stelle der 2. Rückenflosse und ist typisch für die Lachsartigen.

Buckellachs

verbringen die Lachse im Meer, bis sie ihren Laichaufstieg in die Flüsse beginnen.

Der Fang von Lachsen im Meer findet während ihrer Wanderung entlang der Küsten statt. In unseren heimischen Gewässern lebt heutzutage, mit wenigen Ausnahmen, nur noch ausgesetzter Zuchtlachs. Der Lachs ist von der Meerforelle schwer unterscheidbar. Zur Bestimmung benötigt man detaillierte Literatur.

Teilweise trifft man im Nordatlantik auf den **Buckellachs** *Oncorhynchus gorbuscha* Walbaum. Dieser stammt eigentlich aus dem Nordpazifik, ist aber in sowjetische Flüsse eingeführt worden, die ins Weiße Meer münden. Sein Name stammt von dem auffälligen Buckel, der vor der Rückenflosse liegt.

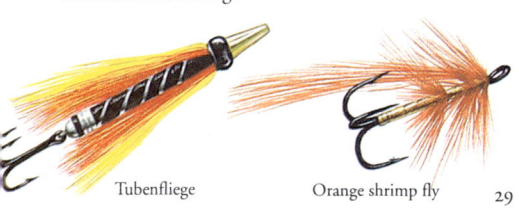

Tubenfliege   Orange shrimp fly

BACHFORELLE *Salmo trutta fario** Linné

Die Bachforelle ist bei Anglern sehr beliebt, da sie ausdauernd kämpft und ihr Fleisch wohlschmeckend ist.

Ursprünglich nur in der nördlichen Hemisphäre verbreitet, kommt sie inzwischen durch Aussetzung in der ganzen Welt vor. Reines, sauerstoffreiches Wasser ist Bedingung für ihr Überleben und den Laicherfolg.

Wie der Lachs, mit dem sie eng verwandt ist, ist sie ein hervorragender Speisefisch und wird schon seit vielen Jahren gezüchtet. Die sehr salztolerante Bachforelle kommt in Flüssen bis weit stromaufwärts sowie in Seen

---

* Bei der Entscheidung, für die Bachforelle die lateinische Bezeichnung *Salmo trutta fario* zu wählen, folge ich dem Rat meines Freundes, des Wissenschaftlers Fred Buller. Durch diese Namensregelung wird deutlich, daß die Bachforelle, die Seeforelle und die Meerforelle (die Wanderform der Bachforelle) zu einer Art gehören und nur Unterarten gebildet haben.

und im Brackwasser der Flußmündungen vor. In stillen Gewässern wird die Bachforelle am größten. Besonders der Nahrungsreichtum von Gewässern mit Kalkgründen begünstigt das Wachstum. Da sie sich schon als Jungfisch von der Brut anderer Fische ernährt, gehört sie mit zu den Haupträubern des Süßwassers.

Die Farbvariationen der Bachforelle sind groß. Klassisch ist sie grünbraun auf der Oberseite, die Seiten erscheinen hellbraun und der Bauch gelb. Alle Altersstufen und beide Geschlechter sind auf dem Kiemendeckel und Körper reichlich mit schwarzen und roten Punkten bedeckt, deren Anzahl zum Schwanz hin geringer wird. Die roten Punkte sind zudem noch weiß umrandet. Die Schuppen sind klein und weich. Ganz im Gegensatz zum straffen Körper eines frischen Lachses fühlt sich die Bachforelle eher weich und schlapp an.

Die Fortpflanzung findet vom Spätherbst bis zum Januar des Folgejahres statt. Die Weibchen werden nach drei Jahren geschlechtsreif, die Männchen ein Jahr früher. Sie wandern in Seen oder Flüssen vom tiefen Was-

Geflügelte Naßfliege

Trockenfliege
(Red Tag)

ser in flache Kiesgründe mit schnell fließendem Wasser, wo das Weibchen eine Grube vorbereitet. Nach der Befruchtung werden die Eier mit Kies bedeckt. Bei einer Wassertemperatur von 6°C schlüpfen die Larven nach acht Wochen. Während langsam der Dottersack aufgezehrt wird, ist die Brut ständig auf der Flucht vor Feinden.

In ihrem ersten Lebensjahr hat die junge Bachforelle mit winzigen Insektenlarven und anderen Wirbellosen, einen ähnlichen Speiseplan wie ihr Vetter, der Lachs. Die ausgewachsenen Lachse erweitern diesen mit Nymphen sowie auch völlig ausgewachsenen Insekten. Dieses angeborene Verhalten macht sich die Naß- bzw. Trockenfliegensportfischerei zunutze, bei der mit Ködern, die wie Insekten aussehen, gefangen wird. Diese handgemachten ›Insekten‹ bestehen aus Federn, Garn, Flitter und Fell. Mit ihnen fischt man unter oder direkt auf der Wasseroberfläche. Auch mit Blinkern, die kleine Beutefische der Bachforelle imitieren, wird gefischt.

Die Seeforelle *Salmo trutta lacustris* Linné bewohnt große, tiefe Seen. Von September bis Dezember laicht sie in Flüssen ab, die in ihren Heimatsee einmünden. Dort wachsen die Jungfische auf. Nach 1-3 Jahren wandern diese in die Seen. Die Seeforelle ist kleiner als die Meerforelle, aber größer als die Bachforelle. Im Unterschied zur Bachforelle fehlen der Seeform die roten Punkte.

MEERFORELLE *Salmo trutta trutta* Linné

Die Meerforelle (unten) ist die Wanderform der Bachforelle. In der Wertschätzung als Speisefisch steht sie neben dem Lachs an zweiter Stelle. Sie sieht dem Lachs auch recht ähnlich, hat aber durch die kleineren Schuppen ein glatteres Aussehen. Der ungegabelte Schwanz ist fast quadratisch. Oberhalb der Seitenlinie ist sie von vielen kleinen schwarzen Punkten bedeckt. Eine klare Unterscheidung vom Lachs ist nicht einfach. Relativ gute Bestimmungsmerkmale sind die Anzahl der Reusendornen am Kiemenbogen, die bei der Meerforelle größer ist, sowie die Gestalt des Pflugscharbeins.

Von der Arktis bis zur Biskaya verbreitet, hat sie ähnliche Laichbereiche wie die Bachforelle. Beide Arten bilden eine erfolgreiche Fortpflanzungsgemeinschaft.

Bachforelle

REGENBOGENFORELLE
Oncorhynchus mykiss Walbaum

Regenbogenforelle

Einst aus Nordamerika eingeführt, ist die Regenbogenforelle heute in ganz Europa verbreitet. Freilebend vermehrt sie sich nicht so erfolgreich, so daß sie häufiger gezüchtet wird. Außerdem wird sie zur Erhöhung der Fruchtbarkeit oft künstlich befruchtet. Dafür werden dem Weibchen die Eier abgestreift (*siehe* unten).

Sie toleriert auch höhere Wassertemperaturen und ist daher problemlos in flacheren Seen zu halten. Ein weiterer Vorteil ist ihre Schnellwüchsigkeit. Die farbenfrohen Schuppen geben dem Fisch seinen Namen.

Bachsaibling im Hochzeitskleid

Wandersaibling im Hochzeitskleid

WANDERSAIBLING *Salvelinus alpinus* Linné

Dieser anadrome Wanderer kommt in den nördlichen Seen und Flüssen Europas vor (*siehe* Karte). Als Überbleibsel der letzten Eiszeit sind sie z.B. auch in den Seen der Alpen verbreitet.

Den Weibchen von der See ins Süßwasser folgend, tragen die Männchen ein farbenfrohes Hochzeitskleid. Wie alle Lachsartigen ist der Wandersaibling ein hervorragender Speisefisch.

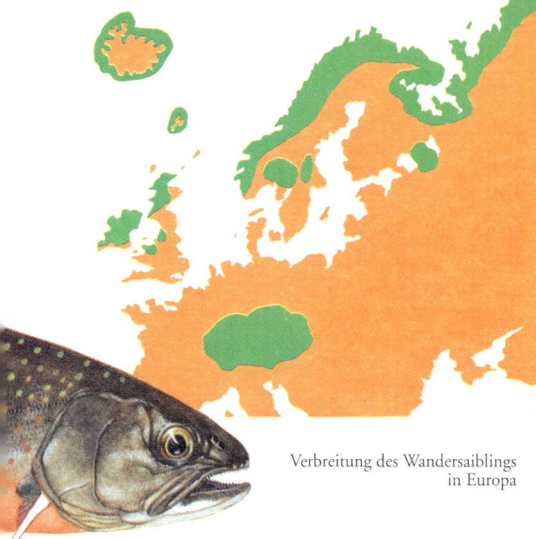

Verbreitung des Wandersaiblings in Europa

BACHSAIBLING *Salvelinus fontinalis* Mitchill

Auch der Bachsaibling kommt ursprünglich aus Nordamerika. Leicht zu erkennen ist er an seiner hellen, farbigen Marmorierung auf dem sonst dunkelgrünen Körper. Er verträgt auch wärmeres Wasser, so daß er gut in flachen Gewässern gehalten werden kann. In seinem Herkunftsland Amerika bewohnt er jedoch auch kalte Gebirgsbäche. Wie der Wandersaibling trägt er zur Laichzeit im Spätherbst und frühen Winter ein Hochzeitskleid.

MARÄNEN ODER RENKEN

Weitere Mitglieder der Lachsfamilie sind die Maränen. Diese silberglänzenden Fische besitzen große Schuppen und eine Fettflosse. Selbst für einen Fachmann ist aufgrund der Ähnlichkeiten zwischen den Arten eine Bestimmung nicht einfach, so daß in der Taxonomie häufig Uneinigkeit über die lateinischen Bezeichnungen herrscht. Das wichtigste Merkmal zur Bestimmung der Arten ist die Anzahl der Kiemenreusendornen.

Die **Große Schwebrenke** oder auch **Blaufelchen** *Coregonus lavaretus* Linné besitzt im Durchschnitt ca. 30-34 Reusendornen auf dem ersten Kiemenbogen. Die in der Ostsee vorkommende Art nennt man **Ostseeschnäpel**, ihre Schnauze ist nasenartig verlängert. Bei uns ist sie blos in den Alpen verbreitet, man findet sie aber auch bis hoch nach Skandinavien und Großbritannien. Der erste Kiemenbogen der **Kleinen Maräne** *Coregonus albula* Linné ist mit 36-52 Reusendornen besetzt. In Norddeutschland lebt sie, besonders östlich der Elbe, in tiefen Seen. Kommt sie in Süddeutschland vor, ist sie häufig dort ausgesetzt worden. In der Ostsee lebt sie als Wanderform, die zur Laichzeit (September bis Oktober) in die Flüsse aufsteigt. Der **Nordseeschnäpel** *Coregonus oxyrhynchus* Linné hat 35-44 Kiemenreusendornen. Auffällig an ihm ist seine lange Schnauze, die wie eine Nase aussieht. Bei uns ist der von der Nordsee bis in die Alpen verbreitet. Zahlreiche Lokalformen findet man in Irland, England und auf dem nordeuropäischen Festland. Die Wanderform in der Nordsee zieht zum Laichen in die großen Flüsse. Im Binnenland leben stationäre Seeformen dieses Fisches.

ÄSCHE *Thymallus thymallus* Linné

Einer der schönsten Süßwasserfische ist die Äsche. Sie ist überall in Nordeuropa verbreitet. Leider sind ihre Bestände durch Verunreinigungen der Gewässer stark zurückgegangen. Der schlanke, anmutige Körper ist mit silberigen Schuppen bedeckt und hat seitlich rosafarbene Streifen. Die unübersehbare Rückenflosse ist wie ein großes Segel gut geeignet, um im schnell fließenden Wasser die Position zu halten. Äschen haben einen charakteristischen Geruch, der an Thymian erinnert.

Äsche

Stint

Im Gegensatz zu anderen Mitgliedern der Lachsfamilie laicht diese Art im Frühling. Hierbei werden viele Eier in einer flachen Grube abgelegt. Es wurde beobachtet, daß das Männchen während der Befruchtung seine große Rückenflosse um das Weibchen hüllt. Sowohl der Laich wie die Brut entwickeln sich in gleicher Umgebung schneller als bei der einheimischen Forelle.

STINT *Osmerus eperlanus* Linné

Der Stint ist ein kleiner, schlanker Fisch mit einem Maul, das als zu groß für den Körper erscheint. Er laicht im Süßwasser, lebt aber in der küstennahen See, wo er sich von der Brut anderer Fische (auch Jungfische der eigenen Art) ernährt. Der Geruch eines frischen Stintes erinnert extrem an Gurke. Der Stint ist immer noch ein wichtiger Fangfisch für die Binnenfischerei, obwohl seine Bestände gegenüber früher abgenommen haben.

HECHT *Esox lucius* Linné

Als ruheloser Räuber verachtet, doch aufgrund seiner wichtigen Funktion in der Nahrungskette des Süßwassers von Naturfreunden geschätzt, ist der Hecht ein wichtiger bestandsregulierender Faktor in allen Stillgewässern und Flüssen. Ohne ihn würden die Populationen anderer Fischarten überbevölkern und zu viele kranke und verkümmerte Individuen vorkommen. Im Gegensatz zur Forelle frißt der Hecht nur größere Fische und nicht Eier und Larven. *Esox lucius* Linné ist die einzige Hechtart in Europa.

Nahrungskette des Süßwassers

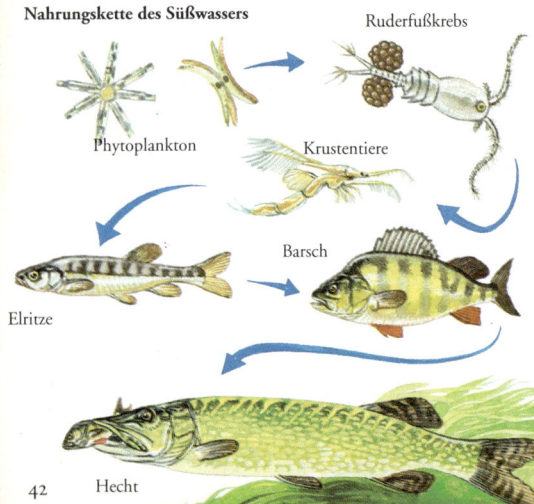

Ruderfußkrebs
Phytoplankton
Krustentiere
Elritze
Barsch
Hecht

Getarnter Hecht

Der Hecht ist perfekt angepaßt, um seiner Beute im Hinterhalt aufzulauern. Gut getarnt mit einem grünbronzenen Körper und cremeweißen Bauch wartet er, um dann kraftvoll und geschmeidig hervorzuschießen. Hellgelbe, regelmäßige Streifen zeichnen die Seite, kleine Punkte finden sich über der Seitenlinie. Die paarigen Flossen erscheinen klein, aber bei näherer Betrachtung erkennt man, was für eine Kraft in dem muskulösen Körper und dem kräftigen Schwanz steckt.

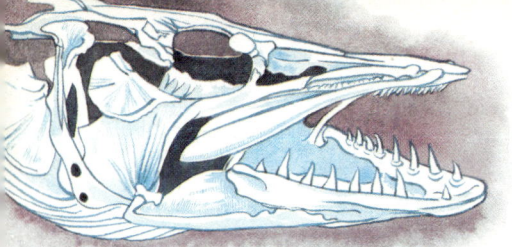

Hechtkopf mit spitzen Zähnen

Der Kopf ist groß mit einem beachtlichen Unterkiefer. Dieser besitzt sehr viele Zähne. Die größeren werden zum Fangen der Beute eingesetzt, während die am Gaumen befindliche dichte Zahnreihe wie eine Einwegfalle wirkt. Die Beute kann dort hinein, aber nicht mehr heraus. Der Beutefisch wird zuerst quer gepackt, dann gedreht und verschluckt. Kleinere Individuen von ungefähr 15-23 cm Größe ernähren sich in den flachen Teilen der Seen und in schnell fließenden Gewässern von winzig kleinen Fischlarven und anderen Wassertieren. Größere Hechte ernähren sich ausschließlich von lebendem und totem Fisch sowie Amphibien, kleinen Säugetieren und jungen Wasservögeln. Er verschont auch seine Artgenossen nicht. Oft greift er nach Fischen seiner eigenen Größe, was ihn in Schwierigkeiten bringen kann. Durch sein binokulares Gesichtsfeld schätzt er die wahre Größe seiner Beute oft falsch ein.

Der Hecht greift den Fisch erst seitwärts und verschluckt ihn dann mit dem Kopf voran

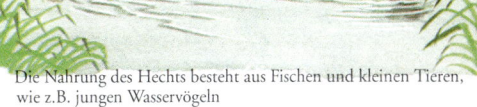
Die Nahrung des Hechts besteht aus Fischen und kleinen Tieren, wie z.B. jungen Wasservögeln

Der Hecht laicht vom frühen Februar bis April, hauptsächlich zu Hochwasserzeiten, in krautigen, flachen Gewässern. Wenn es ihm möglich ist, wird jedes Jahr derselbe Laichplatz benutzt. **Dabei ist jedes Weibchen in Gesellschaft mehrerer Männchen, die um vieles kleiner sind als die Weibchen. Männliche Hechte wiegen selten mehr als 4-5 kg.**

Die Larven schlüpfen in 10-40 Tagen, abhängig von der Wassertemperatur. Die kleine Larve heftet sich dann mit einer speziellen Klebedrüse am Kopf an Wasserpflanzen. Hier verweilen sie ca. 10 Tage, bis der Dottersack verbraucht ist. Während dieser Phase entwickeln sich die Kiemen und Flossen. Danach beginnen sie selbständig zu schwimmen und sich von kleinen Planktontieren zu ernähren.

Viele Legenden ranken sich um den Hecht, da er zuweilen ›monströse‹ Größen erreichen kann. Man hat Weibchen gefangen, die 1,5 m lang und 30 Jahre alt waren. Ist das Futterangebot aber reichhaltig, können sie auch in kürzerer Zeit zu enormen Größen heranwachsen. In England berichtet man von einem Hechtweibchen, das über 20 kg wog und nach der Altersbestimmung anhand der Otolithen (Gehörsteinchen) erst 8 Jahre alt war.

PLÖTZE, ROTFEDER *Rutilus rutilus* Linné

Die Plötze gehört zu der in der Welt am meisten verbreiteten Fischfamilie der Karpfen *(Cyprinidae)*. Sie hält sich in stehenden wie auch langsam fließenden Gewässern von Nordeuropa bis zu den Alpen auf.

Der Rücken mit den silbrig glänzenden Schuppen hat eine Nuance von Purpurn bis Schwarz an der Seite, während der Bauch cremeweiß erscheint. Die nicht schleimigen Schuppen sind groß und hartkantig. Die Flossen sind von rötlicher Färbung. Nur Jungfische und Fische, die in Gewässern schlechter Qualität leben, haben stärker rosa gefärbte Flossen.

Aufgrund der nahen Verwandtschaft von Rotauge und Rotfeder ist es nicht einfach, sie auseinanderzuhalten. Die besten Unterscheidungsmerkmale sind die Position der Rückenflosse zur Bauchflosse und die Form des Maules. Die Rückenflosse des Rotauges beginnt direkt über oder etwas hinter der Basis der Bauchflosse, während die Rückenflosse bei der Rotfeder weit davor liegt. Beim Rotauge ist der Oberkiefer und bei der Rotfeder der Unterkiefer jeweils ein wenig länger.

Als Schwarmfische sieht man sie oft in Gruppen eines Alters bzw. einer Größe schwimmen und erst zur Laichzeit schließen sich alle Altersklassen zusammen, manchmal sogar mit anderen Fischarten. Gelaicht wird im Frühling, wenn die Wassertemperatur 14 °C überschritten hat. Während der Laichperiode wird die Färbung der Männchen intensiver, und eine Art ›Laichausschlag‹ in Form von kleinen Knötchen entwickelt sich an Kopf und Rücken. Die klebrigen Eier werden in flachen

Typische Nahrung der Plötze

Flohkrebs
Zuckmückenlarve
Wasserpest
Posthornschnecke
Köcherlarve
Wasserfloh

Plötze

Schilfzonen mit wenig Strömung abgelaicht. Innerhalb einer Woche schlüpfen die winzigen Larven und heften sich mit Hilfe ihrer am Kopf befindlichen Klebedrüsen an Wasserpflanzen, wo sie für zwei bis drei Tage verweilen. Danach bildet die Brut freischwimmende Schwärme, um besser vor Räubern wie Hecht und Barsch geschützt zu sein. Wenn genug Nahrung zur Verfügung steht, wächst die Plötze ziemlich schnell. Nach vier Jahren wird sie geschlechtsreif.

Man findet die Plötze in nahezu allen Gewässern, doch am besten entwickelt sie sich in sauberen, schnell fließenden Gewässern, wo sie auch die leuchtendste Färbung bekommt.

Rotauge

HASEL *Leuciscus leuciscus* Linné

Hasel

Der Hasel bewohnt kühle, schnell fließende Gewässer und klare Seen in Nordeuropa bis zu den Alpen. Er sieht der Plötze ähnlich, ist aber schlanker und weniger farbig. Zudem erreicht er weder die Größe geschlechtsreifer Plötzen, noch lebt er in ruhigen Gewässern. Die Färbung ist am Rücken grünlich-schwarz, geht über in eine silbrig schimmernde Flanke bis zum cremeweißen Bauch. Die unpaarigen Flossen sind grau gefärbt, während die paarigen blaßgelb erscheinen, teilweise mit einem rötlichen Schimmer. Gute Unterscheidungs-merkmale zum Döbel sind die konkav geformte After- und Rückenflosse.

Der Hasel laicht im zeitigen Frühjahr während der Dunkelheit in flachem, schnell fließendem Wasser. Während der Morgendämmerung driften die Männchen flußabwärts ins tiefere Wasser, um sich für den kommenden Laichakt vorzubereiten. Die Weibchen halten sich nahe der kiesigen Laichgründe auf, um dann zur rechten Zeit abzulaichen. Die Eier brüten in zwei bis drei Wochen aus, abhängig von der Wassertemperatur. Der Hasel wird früh geschlechtsreif. Einige pflanzen sich schon nach nur einem Jahr fort, im Durchschnitt aber nach zwei Jahren.

Zur Nahrungsaufnahme versammeln sie sich in großen Gruppen, die man bei Fischen auch Schulen nennt. Im Larvenstadium besteht ihre Nahrung aus Plankton und später aus Insekten, Larven, kleinen Krebsen und Algen.

Ein typisches Habitat des Hasels ist der schnell fließende Strom

DÖBEL *leuciscus cephalus* Linné

Der Döbel ist ein kräftiger, untersetzter Fisch, der sich bevorzugt in sauberen und schnellfließenden Flüssen und Bächen mit kiesigem oder sandigem Grund aufhält. In Seen wird er seltener angetroffen.

Er ist ein derber Rundfisch mit einem breiten Kopf und einem weiten Maul. Wie alle Cypriniden (Familie der Karpfen) hat auch diese Art nur Schlundzähne, mit denen sie Wasserkraut, kleine Krebse und Larven zermahlen kann. Besonders nach dem Laichen als älterer Fisch jagt der Döbel auch Fischbrut, obwohl Fisch seine Hauptnahrung über das Jahr ist.

Kennzeichnend für den Döbel sind die großen, silbrigen Schuppen mit dunklem Rand und eine gut sichtbare Seitenlinie. Der Oberkörper ist tief purpur-schwarz mit einer silbrigen Flanke, welche in einen cremefarbenen Bauch übergeht. Sowohl die Rücken- als auch die Afterflosse ist konvex eingebogen (*siehe* Hasel, S. 50). Die paarigen Brust- und Afterflossen weisen eine leicht rötliche Färbung auf.

Der Döbel laicht im Mai. Wie bei den Plötzen bekommen die Männchen einen Laichausschlag auf Kopf und Körper. Die klebrigen Eier werden über Kies und Wasserpflanzen ausgebreitet. Wie viele andere Cypriniden bildet der Döbel mit anderen Karpfenarten, die ein ähnliches Laichgebiet haben, Kreuzungen (auch Hybride genannt).

ALAND, ORFE *Leuciscus idus* Linné

Dieser kleine, hübsche Karpfen wurde aus Osteuropa und Asien bei uns eingebürgert. Die gelbrote Farbvariation des Alands, die Goldorfe, wird häufig in Gartenteichen und Aquarien gehalten. Wird sie wieder in ihr natürliches Habitat überführt, verliert sie die goldene Farbe und bekommt ein der Rotfeder ähnliches Aussehen. Einige im Gegensatz zu früher kleineren Populationen kommen bei uns in Flüssen, Teichen und kleinen Seen vor.

Orfe

GOLDFISCH *Carassius auratus auratus* Linné

Der ursprüngliche Ziergoldfisch wurde schon im frühen 17. Jahrhundert aus China nach Europa gebracht. Später kam er dann auch aus Portugal, wo er sich aufgrund der guten Bedingungen schnell in den Seen vermehrte. In unseren Breiten lebt der Goldfisch als gezüchtete Zierform in Gartenteichen (*siehe* links). Die Zuchtform kommt in vielen Farb- und Gestaltvariationen vor, während die Wildform eher der Karausche ähnelt, aber nicht so gedrungen wie diese ist.

ELRITZE *Phoxinus phoxinus* Linné

Die Elritze ist ein kleiner silberbrauner Fisch mit braunen Längsstreifen, die teilweise zusammenlaufen. Sie bewohnt schnell fließende Flüsse und Ströme in größten Teil Europas, aber auch saubere Teiche und Seen. Im Sommer kann man sie in großen Gruppen dicht unter der Wasseroberfläche schwimmen sehen.

Die Laichzeit beginnt im Mai, wobei die Männchen rotbauchig werden und einen dunkleren Kopf bekommen, mit einem weißen Fleck auf dem Kiemendeckel. Abgelaicht wird auf losem Kiesgrund. Die Brut ernährt sich von winzigem Plankton, während die ausgewachsenen Elritzen Wasserinsekten und Algen fressen. Für Forscher ist die Elritze ein wichtiger Indikator für gute Wasserqualität.

GRÜNDLING *Gobio gobio* Linné

Den Gründling findet man in langsam fließenden Flüssen mit sauberem, kieseligem Untergrund. Sein Rücken ist schwach grün-braun gefärbt, der Bauch ist gelblich. Seine Flossen sind klein und empfindlich, abgesehen von der gegabelten Schwanzflosse, die groß und muskulös ist. Eine Reihe großer Flecken zieht sich entlang der Seitenlinie und des Rückens.

Gründlinge laichen im Mai, indem sie ihre klebrigen Eier über Steinen und Wasserpflanzen ausbreiten. Sie ernähren sich von in und über dem Flußboden lebenden Tieren, wie größere Insekten und Krebse, z.B. *Gammarus* spp., ein Süßwasserflohkrebs. Die Fischlarven ernähren sich noch von Plankton.

ROTFEDER *Scardinius erythrophthalmus* Linné

Die Rotfeder ist mit Sicherheit einer unserer schönsten heimischen Süßwasserfische. Ihr Markenzeichen sind ihre auffallend goldenen Schuppen mit einer rötlichen Färbung entlang der Seite und der Flossen. Sie ist, meist in langsam fließenden Gewässern, in Europa weit verbreitet.

Als insektenfangender Sommerfisch kann sie in den warmen Monaten an der Wasseroberfläche leicht beobachtet werden. Wegen der nahen Verwandtschaft zum Rotauge sind beide auf den ersten Blick schwer auseinanderzuhalten. Bei näherer Betrachtung unterscheiden sie sich doch in der Position der Rückenflosse und der Form des Mundes. Die Rückenflosse der Rotfeder beginnt weit hinter der Basis der Bauchflosse (*siehe* Rotauge, S. 46). Der Unterkiefer der Rotfeder ist etwas länger als der Oberkiefer. Adulte Rotfedern sind hochrückiger als Rotaugen derselben Größe.

Wie viele Cypriniden lebt auch die Rotfeder in Schulen oft desselben Alters und Größe. Im späten Mai oder auch früher beginnt das Laichgeschäft, abhängig davon, wie weit die flachen Bereiche von der Sonne aufgeheizt werden. Dabei entwickeln die Männchen eine hellere Färbung, und an Kopf und Körper wächst ihnen ein Laichausschlag. Unter viel Geplätscher werden an Wasserpflanzen die Eier abgelegt. Dieses lebhafte Ablaichen weckt bei anderen Arten die Neugier und manchmal beteiligen sie sich sogar an dem Laichgeschäft. Es ist bekannt, daß die Rotfeder mit einigen anderen Arten Hybride bildet, besonders wenn die Konkurrenz um geeigneten Laichgrund groß ist. Die Weibchen sind sehr fruchtbar; viele tausend Eier werden produziert, die in nur einer Woche ausschlüpfen. Die Larve haftet sich dann für kurze Zeit an Wasserpflanzen (bis zur Dottersackverzehrung) und ernährt sich danach von winzigen Organismen. Erwachsene Rotfedern fressen alles, von Wasserinsekten und ihren Larven bis zu kleinen Krebsen und Pflanzenteilen. Man nimmt an, daß sie sich auch von der Brut anderer Fische ernähren.

Hybrid (Kreuzung) einer **Plötze** und einer **Rotfeder**

SCHLEIE *Tinca tinca* Linné

Wie die Rotfeder besitzt auch die Schleie den Ruf, ein Sommerfisch zu sein. Da sie aber ein bodenlebender Fisch ist und selten an der Oberfläche erscheint, bekommt man sie nicht so häufig zu Gesicht.

In ganz Europa ist die Schleie weit verbreitet. Ausnahmen bilden Teile Skandinaviens und Schottlands. Sie bevorzugt Seen, Teiche und langsam fließende Gewässer mit üppigem Bewuchs an Wasserpflanzen. Besonders gut gedeiht sie in tiefen, lehmigen Tümpeln oder den schlammigen Seen, die bei der Torfmoorgewinnung entstanden sind. Die moorigen Seengründe beherbergen außergewöhnliche Wirbellosenpopulationen, die Nahrung der Schleie. Wie der Karpfen besitzt auch die Schleie ein niedriges Sauerstofftoleranzniveau und kann auch in leicht salzhaltigen Gewässern existieren. Für den Lebendtransport ist sie gut geeignet, da sie eine gewisse Zeit ohne Wasser auskommen kann. Dadurch konnte sie weit verbreitet werden.

Äußerlich hat die Schleie mit anderen Cypriniden

Die Bauchflossen des Schleiemännchens reichen bis zum After

wenig Ähnlichkeit. Der dunkelolivgrüne Rücken geht langsam in golden glänzende Flanken über. Der Bauch ist orangegelb. Die unscheinbaren, kleinen Schuppen, die in die Haut eingebettet sind, lassen den Fisch fast schuppenlos erscheinen. Zudem ist die Haut von Schleim überzogen. Die rötlichen Augen sind klein, und an jedem Mundwinkel hat sie einen Bartfaden. Die Flossen der Schleie sind unverwechselbar: groß, kräftig und wohlgerundet. Sie ist eine der wenigen Süßwasserarten, die Geschlechtsunterschiede besitzt. Die Bauchflosse des Männchens ist um einiges größer als die des Weibchens und hat eine verdickte Unterkante.

Schon bald nach dem ersten Winterfrost verschwindet die Schleie und hält bis zum Frühling Winterschlaf, bei dem sie sich in den Schlamm eingräbt.

Abhängig von der Wassertemperatur beginnt das Laichgeschäft im Juni/Juli. Viele klebrige Eier werden an Wasserpflanzen in seichten Gewässern abgelegt. Die Brut schlüpft schnell und bildet große Schulen, die sich von Algen und kleinem Plankton ernähren. Die Er-

Regenwurm

wachsenen ernähren sich vorwiegend von Wirbellosen, wobei sie eine besondere Vorliebe für Süßwassermuscheln und Teichschnecken haben. Sie sind bekannt für Langlebigkeit und langsames Wachstum.

Um eine heilende Wirkung des Schleieschleims spinnen sich viele Legenden. In seinem Buch ›The complete angler‹ (›Der vollkommene Angler‹) erzählt Isaak Walten von der ungewöhnlichen Freundschaft zwischen Schleie und Hecht, in der die Schleie für den Hecht wie ein Arzt ist. Diese heilende Wirkung soll auch für den Menschen anwendbar sein und wird schon von den alten Griechen und Römern erwähnt.

Die, wahrscheinlich in Deutschland Mitte des letzten Jahrhunderts gezüchtete, goldrote Farbvariante wird häufig als Zierfisch gehalten. Der golden beschuppte Körper weist unregelmäßige braune Flecken auf.

Brotkrümel

BARBE *Barbus barbus* Linné

Der muskulöse Körper der Barbe ist langgestreckt und rundlich. Die Barbe bevorzugt schnell fließende Flüsse und kann sich mit ihrem abgeflachten Bauch gut an den Boden drücken. In Europa ist sie bis weit östlich der Donau verbreitet. Drei sehr nah verwandte Arten kommen in Spanien, Norditalien und auf dem Balkan vor.

Die Barbe ist ein Mitglied der Karpfenfamilie (*Cyprinidae*) und besitzt als Hauptmerkmal vier Barbeln oder auch Bartfäden, zwei am Oberkiefer und zwei an der oberen Mundspalte. Die Flossen sind groß und kräftig, mit der Spur einer rötlichen Färbung. Die Rückenflosse hat einen langen, verknöcherten Strahl mit gesägtem Hinterrand. Sie ist bronze-grün gefärbt mit deutlich begrenzten Schuppen und einer gut sichtbaren Seitenlinie.

Nach einer Wanderung flußaufwärts wird im frühen Sommer über Steinen und losem Kies an flachen Stellen abgelaicht. Die Männchen zeigen dann einen Laichausschlag. Die Nahrung besteht aus kleinen Wirbellosen, Insektenlarven und Schnecken. Mit Beginn der Dämmerung gehen die Barben auf Nahrungssuche über den von der Strömung aufgewirbelten Kiesgrund.

UKELEI, LAUBE *Alburnus alburnus* Linné

Dieser kleine, silbrig beschuppte Fisch schwimmt in großen Schwärmen flach unter der Wasseroberfläche sauberer, langsam fließender Gewässer. Die wenigen Populationen in Stillgewässern sind das Resultat von Aussetzungen durch Fischer. In Europa ist er die Hauptnahrung für viele räuberische Süßwasserfische.

Seine Schuppen wurden für die Herstellung künstlicher Perlen genutzt. Um 1650 entdeckte der Franzose Jacquin, daß aus den Schuppen dieses kleinen, sprottenähnlichen Fisches eine Essenz gewonnen werden kann, mit denen er Glasperlen überzog.

BITTERLING *Rhodeus sericeus amarus* Bloch

Dieser kleine Fisch kommt in Nord- und Osteuropa vor. Er ist bronzegrün mit einem metallisch-blau schimmernden Längsstreifen am Schwanzstiel, der zur Paarungszeit beim Männchen hell leuchtet. Das Weibchen besitzt eine Legeröhre, mit der sie ihre wenigen Eier in die im Süßwasser lebenden Teich- oder Malermuscheln ablegt. Das Männchen spritzt danach seine Milch in das

Bitterling

die Muschel umgebende Wasser, welches dann durch den Atemvorgang der Muschel eingesogen wird.

GÜSTER, BLICKE *Blicca bjoerkna* Linné

In Nord- und Osteuropa vorkommend, hält sich der Güster bevorzugt in ruhigen oder langsam fließenden Gewässern auf. Er ist ausgewachsen nicht nur wesentlich kleiner als sein naher Verwandter, der Blei, sondern auch hellsilbern in der Färbung. Er besitzt große Augen und die schwach grauen, unpaarigen Flossen sind an der Basis leicht rosa. Er fühlt sich etwas schleimig an, und seine Schuppen lösen sich leicht ab. Zwischen Wasserpflanzen und in schlammigem Grund wird im Juni abgelaicht. Von dem in Europa vorkommenden Güster ist bekannt, daß er mit anderen Brassen Hybride bildet.

Ukelei

Güster

BLEI *Abramis brama* Linné

Dieser gesellig lebende Fisch kommt in ganz Europa vor. Er bevorzugt Seen und langsam fließende Flüsse. In der Ostsee findet man ihn auch im Brackwasser. Auf der Suche nach Nahrung grasen Bleie in großen Gruppen wie Schafe den Seeboden ab. Wegen des dabei aufgewühlten Schlamms und der aufsteigenden Wolken von Luftblasen kann man sie leicht dabei entdecken.

Der junge Blei sieht dem Güster sehr ähnlich (*siehe* S. 68). Erst bei einem Gewicht von über einem halben Kilo bekommt der Blei seine typische bronze-braune Färbung und den cremefarbenen Bauch. Geschlechtsreife Tiere zeichnen sich zudem durch den zwischen Kopf und Rückenflosse ausgeprägten Buckel aus. Die Schwanzflosse ist gegabelt und die Afterflosse konkav und lang.

Der Blei laicht im Mai in flachen Uferstellen mit üppigem Pflanzenwuchs. Zur Dämmerung kann man dann lautes Geplätscher vernehmen, verursacht durch das Rollen der Körper bei der Eiablage. Die Eier kleben ca. 14 Tage bis zum Schlupf an Pflanzen. Bis zur Dottersackaufzehrung verbleiben die Larven an den Pflanzen angeheftet und gehen danach über zur selbständigen Ernährung mit Plankton. In wärmerem Wasser wächst er schneller und kann ungeheure Ausmaße annehmen (maximal 75 cm und ca. 9 kg).

KARPFEN *Cyprinus carpio* Linné

Die größte einheimische Karpfenart wurde im späten Mittelalter als Speisefisch in Europa eingeführt. Ursprünglich kommt sie aus dem Nahen Osten, wo er schon seit Jahrhunderten gezüchtet wurde.

Schulen bilden nur die Jungfische, ältere Karpfen leben solitär. Sein Lebensraum sind üppig bewachsene, ruhige Flüsse sowie etwas tiefere Seen und Teiche. Da ihm Sauerstoffmangel nicht schadet, kann er auch in eutrophierenden Dorfteichen und Bewässerungsgräben leben. Besonders bei warmen Wassertemperaturen wachsen Karpfen schnell, wie z. B. in Flüssen mit Kühlwassereinleitung.

Durch die jahrhundertelange Zucht sind viele Variationen an Schuppenform und Farbe entstanden. Die Wildform (Schuppenkarpfen) ist völlig beschuppt mit rötlichem Rücken, goldfarbener Seite sowie cremigem Bauch; der Spiegelkarpfen besitzt nur wenige Schuppen um die Seitenlinie, und der Lederkarpfen ist schuppenlos (letztere zwei sind zudem eher farblos). Alle Arten tragen vier Bartfäden, zwei kurze vorn an der Oberlippe und zwei lange im Mundwinkel. Die Flossen sind groß und kräftig.

Lederkarpfen

Spiegelkarpfen

Vergrößerung eines Karpfenkopfes mit Bartfäden

Typischer Karpfenteich

Schuppenkarpfen

Über flachen Ufern mit Pflanzenbestand wird im Juni abgelaicht. Die zahlreichen Eier brüten in ca. einer Woche aus. Ein bis drei Tage kleben die Larven an Wasserpflanzen, danach beginnen sie, sich selbständig von Plankton zu ernähren. Nach dem ersten Jahr messen sie schon 10 cm. Der Karpfen wird nach drei bis fünf Jahren geschlechtsreif und kann bis zu 20 Jahre alt oder älter werden.

Karausche

KARAUSCHE *Carassius carassius* Linné

Dieser kleine, hochrückige Fisch der Karpfenfamilie ist leicht zu erkennen an den fehlenden Bartfäden und der hohen, langen Rückenflosse, die wie ein Segel aussieht. Die Karausche bewohnt Seen, Teiche und ruhige Flüsse in ganz Europa und kommt auch im Brackwasser vor. Als anpassungsfähiger Fisch verträgt sie sogar einen gewissen Grad an Wasserverschmutzung und Sauerstoffmangel. Auch sie laicht im Sommer, d.h. Mai-Juni, an flachen Stellen mit reichlichem Pflanzenwuchs. Durch den gleichen Lebensraum und die gleichen Gewohnheiten kann es zur Hybridbildung mit dem Schuppenkarpfen kommen (Karpfkarausche). Diese Kreuzungen besitzen oft ein Paar dünne Bartfäden, sind kleinwüchsig und haben nicht so wohlschmeckendes Fleisch. Aus diesen Gründen wird die Karausche in Karpfenteichen von Züchtern ungern gesehen. Sie verfällt in eine Art Winterschlaf.

SCHMERLE, BARTGRUNDEL
Noemacheilus barbatulus Linné

Schmerle

Die Schmerlen sind kleine, nachtaktive Fische, die in kleineren, stetig fließenden Flüssen mit steinigem Grund und Pflanzenbestand leben. Sie sind gegen Wasserverschmutzung sehr empfindlich. Mit Ausnahme des hohen Nordens und tiefen Südens sind sie in ganz Europa verbreitet. Neben der fleckigen braunen Färbung sind sie häufig gelb marmoriert. Auch die Rücken- und Schwanzflosse ist braun-gelb gefleckt. Selten werden sie größer als 10 cm. Schmerlen besitzen sechs Bartfäden, vier wie eine Art Pony an der Oberlippe und eine an jedem Mundwinkel.

STEINBEISSER *Cobitis taenia* Linné

Steinbeißer

Der Steinbeißer lebt in Seen und schlammigen, langsam fließenden Flüssen, wo er nach winzigen Organismen sucht. Er ist in Europa weit verbreitet. Dieser kleine Fisch (max. 12 cm) trägt am Oberkiefer vier Bartfäden und je einen am Mundwinkel. Er ist schwächer in der Grundfärbung als die Schmerle, mit weniger auffallender Fleckung und einer Reihe schwarzer Punkte, die vom Kopf bis zum Schwanz laufen. Dieser Allesfresser ist beliebt bei Aquarianern.

WELS, WALLER *Silurus glanis* Linné

Der Wels (*siehe* links) ist ein nachtaktiver Fisch, der schlammige Seen und langsam fließende Flüsse bewohnt. Er kann eine Größe bis zu 1,5 m erreichen. Das unverwechselbare Merkmal dieses dunkelbraungrauen Fisches sind sechs Bartfäden, von denen zwei bis hinter die Brustflosse reichen. Welse sind karnivor, d.h., sie ernähren sich von Fisch, Amphibien und kleinen Säugern.

QUAPPE *Lota lota* Linné

Dieser reine Süßwasserfisch, der zu der Familie der Dorsche (*Gadidae*) gehört, ist in unseren Gewässern sehr selten und vom Aussterben bedroht. In der Regel findet man ihn in der Nacht auf Beutesuche in Seen und Flüssen.

Qauppe

Flußaal

AAL, FLUSSAAL *Anguilla anguilla* Linné

Nur wenige Fische besitzen solch eine interessante Lebensgeschichte wie der Aal. Sie beginnt im westlichen Atlantik, wo die erwachsenen Aale (Blankaale), von Europa kommend, sich zum Laichen treffen. Nach dem Schlüpfen beginnen die Aallarven (Leptocephali), die aussehen wie transparente Weidenblätter, ihre Wanderung mit dem Golfstrom nach Nordosten. Während dieser Reise wird ihre Gestalt immer aalähnlicher. Drei bis vier Jahre dauert es, bis die Aale die europäischen

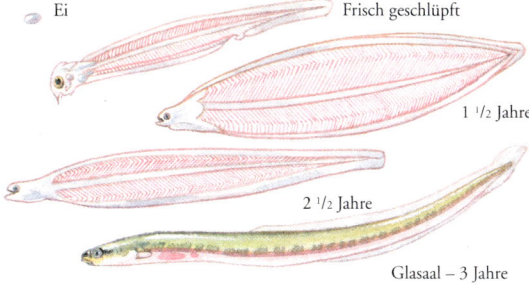

Entwicklung vom Ei zum Glasaal

Flußmündungen erreichen. Mit Eintritt in die Ästuare verändern sie ihre Gestalt nochmals und werden zu sogenannten Glasaalen mit leicht silbergrauer Färbung. Dort können sie zu Millionen gefangen werden.

Während ihres Wachstums ernähren sie sich von Larven, Krebschen und der Brut anderer Fische. Ihre Färbung wird an den Seiten und am Bauch gelblich. Man nennt sie jetzt Gelbaale. Niemand kann genau sagen, in welchem Alter die Aale geschlechtsreif werden, aber man nimmt an, daß dabei die Größe als Indikator dienen kann. Die Weibchen beginnen ihre Laichwanderung in die See mit ca. 60 cm Länge und die Männchen mit ca. 40 cm*. Wenn der Aal sich auf seine Rückwanderung in die Laichgebiete vorbereitet, bekommt er einen schwarzen Rücken und silbrigen Bauch und wird Blankaal genannt. Die Augen vergrößern sich, und das Maul wird spitzer; wahrscheinlich, weil der Aal während seiner

Reise die Nahrungsaufnahme einstellt. Einige Aale verbleiben ihr Leben lang in den Ästuaren und Meeresbuchten und gehen nie ins Süßwasser.

Gelbaalen wie auch Blankaalen wird nachgesagt, daß sie zwischen nicht verbundenen Wasserläufen und isolierten Seen über Land ›laufen‹ können. Dies ist nach heftigen Regenfällen gut möglich, da dann die Wiesen und sogar die Straßen so feucht sind, daß die Aale in der Lage sind, sich hinüberzuschlängeln.

---

* Alwynne Wheeler, *The Fishes of the British Isles and North-West Europe*, erwähnt, daß die männlichen Aale 7-12 Jahre und die Weibchen bis zu 19 Jahren im Süßwasser verbringen.

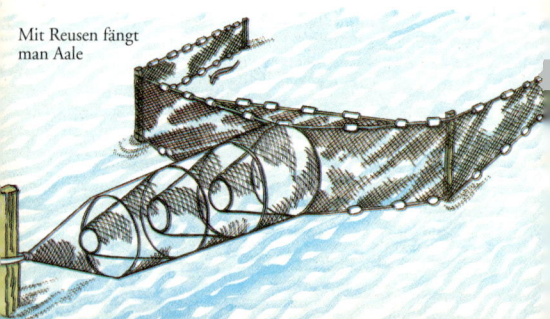

Mit Reusen fängt man Aale

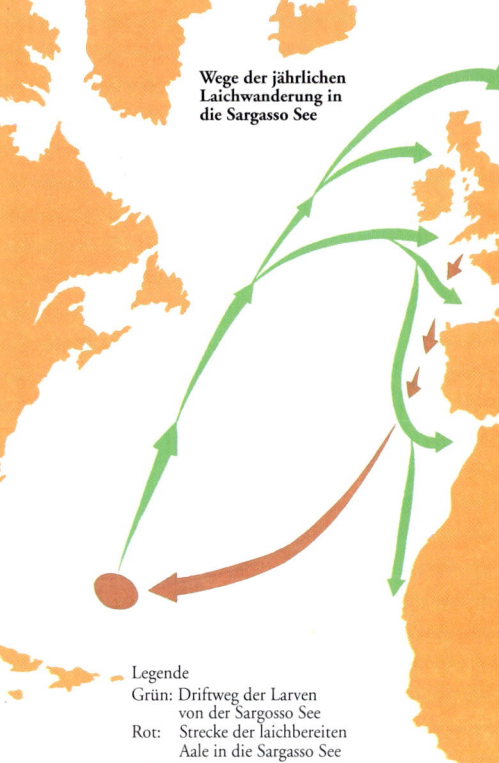

STICHLINGE

Stichlinge sind sehr kleine, kämpferische Fische. Die Männchen bauen die Nester, umsorgen die Eier und verteidigen das Territorium

Dies ist eine Gruppe extrem kleiner Fische. Der dreistachlige Stichling ist sehr salztolerant, während der Zwergstichling sein ganzes Leben im Süßwasser verbringt. Der Seestichling ist rein marin (*siehe* S. 190). Alle Arten sind in Europa weit verbreitet.

Der **Dreistachlige Stichling** *Gasterosteus aculeatus* Linné ist bei Kindern sehr beliebt, da man ihn leicht mit Keschern oder Marmeladengläsern in kleinen Teichen oder Bächen fangen kann. Dieser farbenfrohe Fisch kommt in Flußunterläufen und an der Küste vor. Zur Laichzeit

Seestichling

färbt sich das Männchen leuchtend rot an Bauch und Kehle und beginnt, Nester zu bauen, in welche die Weibchen ihre Eier ablegen sollen. Die Männchen befruchten die Eier und bewachen sie sowie auch die später geschlüpfte Brut.

Der **Zwergstichling** *Pungitus pungitus* Linné liebt stehende Teiche und verkrautete Bäche, kann aber auch im Brackwasser angetroffen werden. Er ist um vieles kleiner als sein oben beschriebener Verwandter.

Dreistachliger Stichling

FLUSSBARSCH *Perca fluviatilis* Linné

Diese weit verbreitete Art findet man in ganz Europa, außer im nördlichen Schottland und Nordnorwegen. Wie der Hecht ist auch der Flußbarsch ein Räuber. Er ernährt sich jedoch eher von Fischbrut und ist kein Allesfresser.

Der Flußbarsch ist von eindeutiger Färbung, mit schwarzem Rücken, grau-grünen Seiten und weißem Bauch. Ältere Tiere sind sehr hochrückig, d.h. der Buckel vor der Rückenflosse ist sehr ausgeprägt. Die unteren Flossen haben eine rötliche Färbung. Das beste Erkennungsmerkmal sind die vertikalen, dunklen Seitenstreifen und die zwei Rückenflossen, wovon die erste ca. 15 harte Strahlen und einen schwarzen Fleck am Hinterrand besitzt und die zweite ungefähr 15 weiche Flossenstrahlen.

Im Mai werden die größeren, laichbereiten Weibchen von den in geringerer Anzahl vorhandenen kleinen Männchen aufgesucht. Tausende von Eiern werden dann in Form von vernetzten Perlschnüren über Wasserpflanzen und versunkenen Ästen abgelegt. In der Sonne glänzend, werden sie leicht von Wasservögeln entdeckt, die den alljährlichen Laich in großen Mengen wegfressen. Trotzdem vermehrt sich der Flußbarsch zahlreich. Einige Gewässer sind so überbevölkert, daß Nahrungsmangel herrscht und verkümmerte Exemplare vorkommen, die aber trotzdem noch reproduktionsfähig sind.

ZANDER, SCHILL
Stizostedion lucioperca Linné

Diese Art kommt ursprünglich aus Osteuropa, ist aber auch bei uns verbreitet und wegen ihres qualitativ guten Fleisches hoch geschätzt. Der Zander bewohnt Seen mit guten Sauerstoffverhältnissen und tiefe Flüsse. Gut gedeiht er auch in trüben Gewässern, da sie vom Hecht gemieden werden und dieser so keine Konkurrenz bietet.

Der Zander ist von geschmeidiger, graugrüner Gestalt mit kleinen Schuppen. Die Seiten sind durch schwarzbraune Querbinden gekennzeichnet, besonders bei jüngeren Tieren. Seine Flossen sind groß und der Schwanz gegabelt. Die auffällige zweigeteilte Rückenflosse ist vorn hart- und hinten weichstrahlig, mit zwei Dornen an der Hauptkante. Auch die Afterflosse besitzt vor den Weichstrahlen zahlreiche Stacheln. Die unpaarigen Flossen und die Schwanzflosse weisen eine Anzahl schwarzer Flecken auf. Die Zähne des Zanders sind scharf, die vorderen dabei lang und leicht gekrümmt.

Der Zander laicht von April - Mai, wenn die Wassertemperatur wenigstens 16°C erreicht hat. Das Männchen legt dazu eine Nestgrube an, bewacht dann die Eier und fächelt ihnen frisches Wasser zu. Die Eier haften mit ihren klebrigen Hüllen an dem Pflanzenmaterial, mit dem das Nest ausgelegt ist. Nach der Dottersackzehrung ernähren sich die Larven zuerst von Plankton. Als Räuber fressen sie aber schon nach wenigen Monaten auch Fischbrut und kleine Krebse. Mit zunehmendem Alter ernähren sie sich dann von Fisch.

Kaulbarsch

KAULBARSCH *Gymnocephalus cernua* Linné

Dieser kleine Fisch, der aussieht wie ein junger Flußbarsch, ist in ganz Europa verbreitet. In Seen und langsam fließenden Flüssen kommt er in Schwärmen vor, oft in sehr tiefen Wasserschichten, in die kein direktes Sonnenlicht mehr gelangt.

Sein grünschwarzer Rücken geht in graugrün über. Die Unterseite ist weiß. Die Rückenflossen sind zusammengewachsen und der erste Abschnitt hartstrahlig. Seine Augen sind groß und blutunterlaufen, was ihn vom jungen Flußbarsch gut unterscheidet. Seine Nahrung besteht aus kleinen Wirbellosen, jungen Amphibien und Insektenlarven.

FORELLENBARSCH
Micropterus salmoides Lacépède

Es gibt zwei sehr ähnliche nordamerikanische Gattungen, die zur Familie der Sonnenbarsche gehören: der

Verbreitung des Forellenbarsches (grün markiertes Gebiet)

Der Forellenbarsch wurde zur Zucht in Europa eingeführt. Unglücklicherweise kann er sich aber nur in Seen und Flüssen erfolgreich vermehren, die flach sind, verkrautete Ufer besitzen und wenigstens 17°C warm sind.

Forellenbarsch

Forellenbarsch und der Schwarzbarsch. Die erste Art wurde von Sportanglern erfolgreich in Europa eingeführt. Dieser Fisch ist von bronze-grüner Färbung mit schwarzen Balken an der Seite und auf den Kiemendeckeln. Die hart- und weichstrahligen Abschnitte der Rückenflosse sind miteinander verbunden. Nur eine Einbuchtung läßt sie getrennt aussehen.

Sonnenbarsch

Groppe

Strandgrundel

SONNENBARSCH *Lepomis gibbosus* Linné

Ende des letzten Jahrhunderts aus Nordamerika eingeführt, hat er sich in Mittel- und Südeuropa verbreitet. Dieser kleine, farbenfrohe Fisch bevorzugt ruhige, warme, verkrautete Seen und kleine Flußläufe. *L. cyanellus* ist ein naher Verwandter und kommt in der Nähe von Frankfurt/Main vor.

GROPPE, KOPPE *Cottus gobio* Linné

Diese kleine, nachtaktive Art findet man auf dem ganzen europäischen Festland, Skandinavien und England. Bräunlich marmoriert und somit gut getarnt, lebt er zwischen Steinen und dickem Wasserkraut. Kopf und Vorderkörper sind abgeflacht. Die Flossen sind groß und die Rückenflosse zweigeteilt. Entscheidendes Merkmal der Groppen sind die Kiemendeckeldornen. Im Frühling werden die Eier in einem Nest aus feinem Kies abgelegt und vom Männchen bis zum Schlupf bewacht.

STRANDGRUNDEL *Pomatoschistus microps* Krøyer

Dieser kleine Fisch der Grundelfamilie lebt eigentlich marin und im Brackwasser, nur teilweise findet man ihn im Süßwasser der küstennahen Entwässerungsgräben. (Weitere Grundelarten befinden sich auf S. 194). Die Rückenflosse ist deutlich getrennt und die Bauchflosse zu einem Saugnapf umgeformt, mit dem er sich an Steinen festhalten kann. Mehrmals pro Jahr wird gelaicht, wobei das Männchen die Eier bewacht.

Vom Land aus betrachtet ist die See in drei Zonen unterteilbar: die Spritz- oder Tidenzone direkt an der Küste, die daran anschließende litorale Zone, welche vom Kontinentalschelfabhang begrenzt wird, und danach die unendlichen Tiefen des Ozeans. Jede Zone ist als Lebensraum durch bestimmte Tiefen gekennzeichnet. Die Spritzzone ist nur bei hohen Springfluten wasserbedeckt, ansonsten reicht der Flora und Fauna die Benetzung durch die Brandung aus. Nur in den Felsentümpeln bleibt Wasser stehen, das von Zeit zu Zeit durch hohe Fluten wieder erneuert wird. Die belebteste Zone ist die 200-500 m tiefe Litoralzone. Danach geht es den häufig steilen Kontinentalschelfabhang entlang in eine Tiefe von manchmal Tausenden von Metern. Dort, in dem sogenannten Abyss, leben sonderbare Fische.

Die meisten Fische leben pelagisch, d.h. im freien Wasser oder direkt an der Oberfläche. Als demersal lebend bezeichnet man die Fische, die sich in Bodennähe aufhalten. Zwischen diesen beiden Extremen wird das Pelagial in mehrere Tiefenzonen unterteilt.

Als Beispiel für die Einnischung von Fischen in ein bestimmtes Habitat ist das Riff gut geeignet, das sich aus den Tiefen empor an die Oberfläche hebt. Die Fische, die im oberflächennahen Teil des Riffs leben, werden als epipelagiale Arten bezeichnet. Mesopelagische Fische besiedeln die Felsspalten, und die demersalen Arten ernähren sich an der Riffbasis. Bei einigen Fischen sind die Grenzen fließend, andere wiederum sind an bestimmte Tiefen und Lichtverhältnisse angepaßt. Besonders Jungfische besetzen aus Konkurrenzgründen andere Nischen im Ökosystem als die erwachsenen Fische.

HERINGSHAI *Lamna nasus* Bonnaterre

Diesen kaltwasserliebenden Hai findet man das ganze Jahr über in der nördlichen Hemisphäre. Sein Territorium ist häufig das küstennahe Riff. Hauptsächlich verbreitet ist er in der nördlichen Nordsee und nordwestlich der britischen Inseln, wo er Jagd auf Herings- und Makrelenschwärme macht. Wenn sein Lebensraum felsig ist, besteht seine Hauptnahrung aus dem Pollack.

Dieser stattliche Hai ist von zylindrischer Gestalt mit tiefblauem Oberkörper und schmutzigweißem Bauch. Die großen, kraftvollen Flossen machen ihn zu einem schnellen und ausdauernden Schwimmer. An dem sich zuspitzenden Hinterende verlaufen zwei Kiele bis zur Schwanzflosse. Der obere Teil der Schwanzflosse ist größer und am Ende eingekerbt. Seine Augen sind auffällig groß, was vermuten läßt, daß er auch bei der Jagd über trübem, krautigem Grund gut sehen kann. Die Zähne sind scharf und keilförmig. Jeder Zahn weist links und rechts noch eine kleine Extraspitze auf.

MAKRELENHAI *Isurus oxyrinchus* Rafinesque

Der pelagisch lebende Makrelenhai wandert nur im Sommer in den Nordatlantik ein. Er ist größer als der Heringshai und auch weiter verbreitet. Er ist von runder, glatter Gestalt, mit tiefblauem Oberkörper und weißem Bauch. Ihn kennzeichnen nur ein seitlicher Kiel und das Fehlen der Extraspitzen an den Zähnen. Sowohl der Heringshai als auch der Makrelenhai sind lebendgebärend.

Makrele

RIESENHAI *Cetorhinus maximus* Gunnerus

Dieser riesige, völlig harmlose Hai wird oft von Urlaubern beobachtet, wenn er im Hochsommer die Küste entlang patrouilliert. Der Riesenhai ist ein reiner Planktonfresser, wobei er teilweise bis zu 3000 kg dieser winzigen Nahrung zu sich nimmt. 10 m Länge sind bei ihm keine Seltenheit. Häufig schwimmt er im Familienverband, wobei die Färbung der einzelnen Tiere sehr variabel sein kann. Erwachsene Tiere sind dunkelbraun mit hellen Flanken, während die jungen Tiere heller gefärbt sind, mit rehbraunen Seiten und Bauch. Alle Altersstufen können leicht gefleckt sein. Er ist mit anderen Haien nicht zu verwechseln. Charakteristisch sind neben seiner Größe die fünf großen Kiemenspalten rund um den Körper. Über das Laichverhalten des Riesenhais ist nur wenig bekannt. Es wird vermutet, daß die Weibchen über zwei Jahre trächtig sind und nur ein oder zwei Junge gebären.

senhai im Makrelenschwarm

FUCHSHAI *Alopias vulpinus* Bonnaterre

Dieser Hai ist sehr leicht zu erkennen an seiner langen, sensenförmigen Schwanzflosse. Im Nordatlantik ist er nur ein Sommergast, wobei er bis zur norwegischen Küste hinaufwandert, allerdings wohl nur die kleineren Exemplare.

In tropischen Gewässern kann er bis zu 6 m lang werden. Im Pelagial jagt er Makrelen- und Sardinenschwärme dicht an der Oberfläche, indem er sie umkreist und mit peitschender Schwanzflosse den Schwarm schnell umzingelt. Da er sehr ortsstreu ist, kommt er nur sehr selten an die Küste. Fuchshaie sind lebendgebärend und bringen jede Saison ein bis zwei Junge zur Welt.

HAMMERHAI *Sphyrna zygaena* Linné

Der Hammerhai ist ein weiterer leicht zu erkennender Fisch. Er kommt allerdings mehr in südlicheren, wärmeren Gewässern vor, wo noch viele nah verwandte Arten leben. Der Kopf selbst ist klein und besitzt zwei seitliche Anhänge, wodurch der Eindruck eines Hammers entsteht. An diesen Anhängen sitzen die Augen und direkt davor die Nasenlöcher. Im Vergleich zu anderen, gleich großen Haiarten hat der Hammerhai einen kleinen Mund. Sein Körper ist glatt und stromlinienförmig und kann bis zu 5 m lang werden. Pro Saison gebärt er bis zu 30 Junge.

Vergrößerung eines Hammerhaiauges

BLAUHAI *Prionace glauca* Linné

Von allen Haien, die sich bei uns als Sommergäste aufhalten, ist der Blauhai der häufigste. In sehr warmen Sommern wandert er hoch bis nach Norwegen. Diese schlanken Haie können bis zu 5 m lang werden. Die Brustflossen sind relativ groß. Als pelagischer Räuber jagt er Schwarmfische, wie Makrelen und Sardinen, die mit den warmen Strömungen von den Tropen nordwärts wandern. Sein Rücken ist tiefblau, übergehend in azorenblaue Flanken und einen weißen Bauch.

Der Blauhai ist vivipar, d.h., die Jungen werden im Mutterleib durch eine Art Plazenta ernährt und lebend geboren. Ihre Größe und Anzahl ist abhängig von der Länge und dem Alter der Mutter.

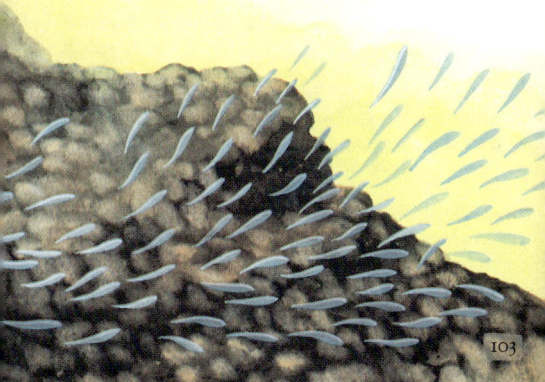

GLATTHAIE

Im Nordatlantik sind zwei nah verwandte Arten der Glatthaie verbreitet. Der **Südliche Glatthai** *Mustelus mustelus* Linné besitzt große Flossen und ist fleckenlos. Der **Gefleckte Glatthai** *M. asterias* Cloquet sieht ähnlich aus, nur mit vielen Sprenkeln an der Seite und auf dem Rücken. Beide sind langsame Schwimmer. Ihre Mahlzähne sind zum Zerknacken von Krebsen gut geeignet.

M. mustelus ist vivipar, d.h., die Entwicklung des Embryos erfolgt im Mutterkörper, der sie über eine rudimentäre Verbindung zur Dotterplazenta ernährt. Die Jungen werden lebend geboren. *M. asterias* ist ovovivipar, was bedeutet, daß die Jungen sich im Ei entwickeln, zwar im Innern des Eileiters, aber ohne mütterliche Ernährung, und dann lebend geboren werden.

DORNHAI *Squalus acanthias* Linné

Dieser häufig in unseren Gewässern vorkommende kleine Hai tritt teilweise in großen Schwärmen auf und ernährt sich von kleineren Fischen. Beim Fischfang spielt er eine große Rolle. Jedes Jahr werden Tonnen von ihm gefischt und als ›Schillerlocken‹ verkauft. Er ist stromlinienförmig und neben seiner blaßgrauen Färbung seitlich gefleckt. Ihm fehlt die Afterflosse. Charakteristisch ist der scharfe Dorn vor jeder Rückenflosse.

Einige Wissenschaftler vermuten, daß die Furche am Ende des Dorns giftige Drüsen enthält. Andere wiederum behaupten, daß das Gewebe, das den Dorn umgibt, toxisch sein könnte. Auf jeden Fall ist eine Wunde von einem Dornhaistachel ziemlich schmerzhaft und muß oft ärztlich behandelt werden.

Südlicher Glatthai
(*M. mustelus*, Linné)

Zähne des **Glatthais**

Gefleckter Glatthai
(*M. asterias*)

Dornhai

Dorn des Dornhais

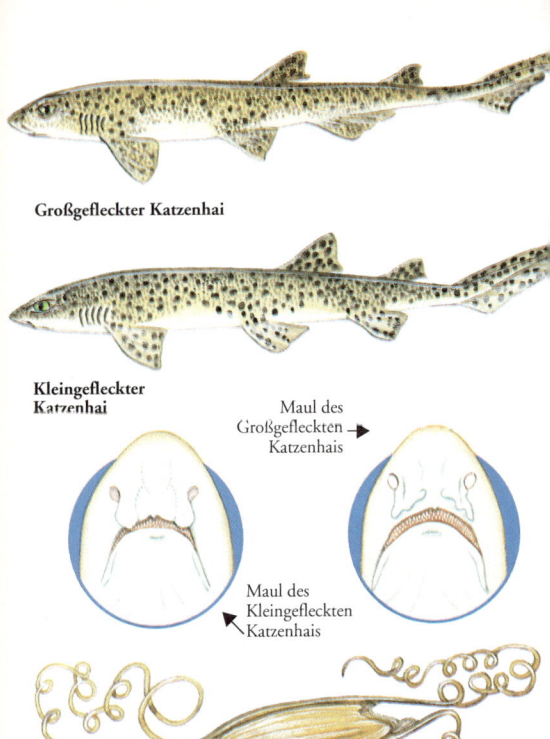

GROSSGEFLECKTER KATZENHAI
Scyliorhinus stellaris Linné

Dieser demersal lebende Fisch bewohnt die felsigen Meeresböden der europäischen Küsten. Seine gemischte Nahrung besteht vor allem aus Krebschen und kleinen Fischen. Er ist von auffälliger Erscheinung. Sein Rücken ist schwarz, übergehend in hellbraune Seiten mit dunkelbraunem Punktmuster. Der großgefleckte Katzenhai legt braune Eikapseln. An Seegras, also gut getarnt, haften sie dann mit ihren rankigen Anhängen. Nach 8-10 Monaten schlüpfen die kleinen Haie aus ihren Eikapseln. Wenn man den Strand nach einer Flut absucht, kann man häufig die leere Eihüllen finden.

KLEINGEFLECKTER KATZENHAI
Scyliorhinus caniculus Linné

Dieser viel kleinere Katzenhai ist weiter und häufiger verbreitet als sein größerer Verwandter. Er ist ein nachtaktiver Allesfresser. Mit Vorliebe durchstreift er auf der Suche nach Beute offene Sandgründe, schlammige Flußmündungen und krautige Untiefen. Er ist wenig farbenfroh und hat viele dunkelbraune Flecken auf seinem hellbraunen Körper. Seine Eikapseln sind recht klein. Wenn man ihn aufhebt, hat er die unangenehme Angewohnheit, sich so um den Arm zu winden, daß dabei die Haut zerreißen kann.

♀

HUNDSHAI *Galeorhinus galeus* Linné

Der Hundshai ist ein kleiner, braungrauer und schneller Schwimmer, der die europäischen Küsten und Untiefen bejagt. Er ist ziemlich weit verbreitet und hat über die ganze Welt verstreut Verwandte. Teilweise wird er fischereilich genutzt. Der schlanke Hundshai hat kleine Flossen und eine tief eingekerbte Schwanzflosse. Von oben betrachtet ist der Kopf deutlich abgeflacht, und seine großen Augen besitzen im vorderen Winkel eine Hautfalte, die sogenannte Nickhaut, die wie ein Lid über das Auge gezogen werden kann.

Demersal lebend ernährt er sich von kleinen Schwarm- und Plattfischen der Küstengewässer. Wenn

genügend Nahrung (Makrelenschwärme) vorhanden ist, jagt er gerne in Gruppen. Seine Zähne sind scharf und mit gezackten Kanten am Ende. Hundshaie sind ovovivipar und gebären im Sommer von Juni bis September um die 30 Junge, kleinere Tiere weniger. Die trächtigen Weibchen werden auf ihrer Wanderung zu den Laichplätzen nicht von den Männchen begleitet, da sie wahrscheinlich als Feinde ihrer Jungen gesehen werden. Hundshaie werden bis zu 2 m lang.

Die Haut des Hais ist an der Luft getrocknet sehr zäh und wurde daher wie Leder verwendet. Kunsttischler und Schreiner benutzten sie auch als feines Schleifpapier.

Nagelrochen

Eikapsel eines Rochens

NAGELROCHEN *Raja clavata* Linné

In flachen Küstenbereichen um die 20 m Tiefe ist der Nagelrochen beheimatet. An Stränden mit starker Brandung kommt er teilweise aber in noch flacheres Wasser.

Seine Schwingen sind eckiger als bei anderen Rochen.* Zwei kleine Rückenflossen befinden sich am Hinterende des Schwanzes. Normalerweise ist er eintönig graubraun gefärbt, aber er kann zudem auch zahlreiche Tupfen und Flecken aufweisen. Die Nagelköpfen ähnlich sehenden Dornen laufen in einer Reihe entlang des Rückens bis zum Schwanz, an dem seitlich je eine weitere Reihe zu sehen ist. Unregelmäßig verteilen sich die Dornen auch auf den Schwingen, hauptsächlich am Rand und sogar auf der Unterseite. Mit ihren Mahlzähnen können sie Krebse aufknacken, sind aber in erster Linie Allesfresser. Die Befruchtung ist, wie bei den meisten Rochenarten, innerlich, und die Eier werden in Hornkapseln abgelegt.

* Der Körper von Rochen ist sehr stark abgeflacht. Sie haben aber mit den Plattfischen nichts gemeinsam. Plattfische, wie Schollen und Flundern, sind lateral gepreßt und schwimmen somit auf der Seite. Die Augen befinden sich auf der pigmentierten Seite, entweder links oder rechts. Die Rochen sind dorsoventral abgeplattet was bedeutet, sie schwimmen mit dem Bauch bodenwärts und die pigmentierte Seite ist der Rücken, auf dem sich auch die Augen befinden.

BLONDE *Raja brachyura* Lafont

Diesen vom Mittelmeer bis zum Ärmelkanal vorkommenden Rochen findet man häufig in Tiefen von 40 m, obwohl noch nicht geschlechtsreife Tiere bis in die Gezeitenzone auf Nahrungssuche gehen. Kleine dunkle Flecken auf leicht braunem Grund überdecken die ganze Körperoberfläche. Dornenreihen laufen den Schwanz entlang, und bei erwachsenen Tieren sind sie auch vereinzelt in Häufchen auf den Schwingen verteilt.

Blonde ♀

FLECKENROCHEN *Raja montagui* Fowler

Der vorigen Art sehr ähnlich, ist der Fleckenrochen voller großer dunkler Flecken, welche im Unterschied zur Blonde nicht bis an den Flügelrand reichen. Zudem ist er kleiner und wiegt nicht mehr als 3 kg. Erwachsene Tiere besitzen sogenannte Ozellen. Dies sind helle, runde Flecken, die von dunklen Punkten umrandet sind und sich auf der Oberseite der Schwingen befinden. Sie bestehen aus lichtempfindlichen Zellen. Eine Dornenreihe läuft entlang der Wirbelsäule und der inneren Hauptkante der Schwingen. Nur wenige Dornen verteilen sich unregelmäßig auf den Flügeln.

Fleckenrochen ♀

Sternrochen ♂

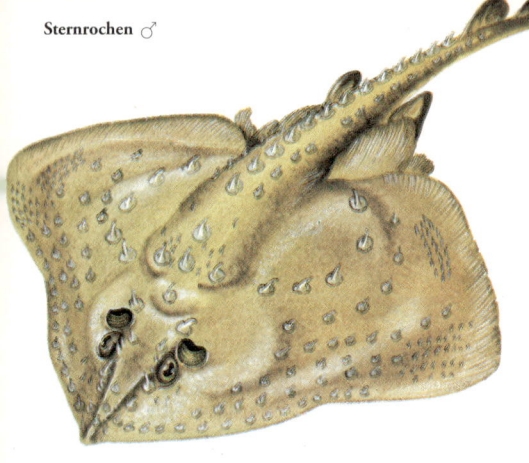

STERNROCHEN *Raja radiata* Donovan

Der Sternrochen bevorzugt die größeren Tiefen der nördlichen Gewässer. Er ist häufiger Beifang in Schleppnetzfängen. Wenige helle und dunkle Flecken bedecken den ansonsten cremebraunen Körper, der mit vielen, scharfen Dornen übersät ist. Eine klare Linie mit gekrümmten Dornen geht von der Hinterseite der Augen bis zu den Rückenflossen. Sein Speiseplan besteht aus Krebsen und Fischen und ist somit für Rochen nicht ungewöhnlich.

Kuckucksrochen ♂

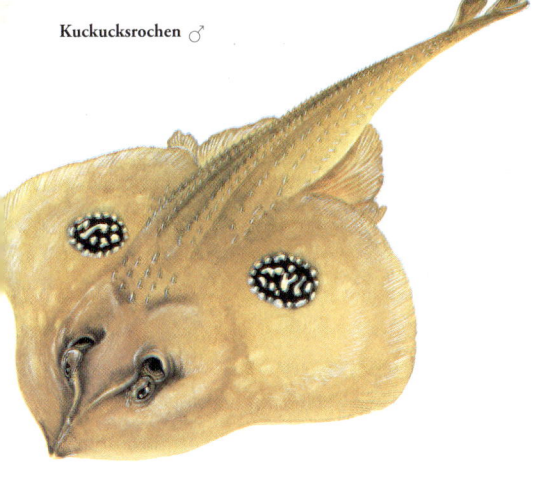

KUCKUCKSROCHEN *Raja naevus* Müller+Henle

Leicht erkennbar ist dieser Rochen an seinen zwei kreisrunden gelben und schwarzen Ozelli. Seine Grundfarbe ist schwach braun. Ihm fehlen lange Dornen, nur wenige kleine sitzen in Flecken auf der Oberseite, und zwei Reihen dickerer befinden sich auf dem Schwanz. Er wiegt selten mehr als 2 kg. Vom Mittelmeer bis zum Ärmelkanal verbreitet, bevorzugt er Tiefenbereiche um die 20 m. Selten sieht man ihn in der südlichen Nordsee.

SANDROCHEN *Raja circularis* Couch

Man findet den Sandrochen in tiefen, küstenfernen Gewässern des Nordostatlantiks und des Mittelmeers. In der südlichen Nordsee ist er nur ein Irrgast. Seine Färbung ist ein sattes Braun mit perfekt symmetrisch angeordneten hellen Flecken auf den Flügeln. Dornen sind in Gruppen auf seiner Oberfläche verteilt. Je zwei Reihen kräftiger, gebogener Dornen befinden sich auch seitlich entlang des Schwanzes. Über seine ozeanische Lebensweise ist nur wenig bekannt. Er kommt häufig als Beifang vor.

HELLFLECKIGER ROCHEN
Raja microocellata Montagu

Verbreitet ist er im Nordostatlantik von Marokko bis Irland. Als Irrgast kommt er auch in der südlichen Nordsee vor. Der schwach creme- bis gelbfarbene Körper ist mit hellen Wellen gekennzeichnet. Seine Augen sind kleiner als die anderer Arten. Dornenreihen ziehen sich vom Schwanz bis zur Schnauze entlang.

MARMORROCHEN *Raja undulata* Lacépède

Im Gegensatz zu den obengenannten, ozeanisch lebenden Rochen, lebt diese Art auf sandigem Grund. Dunkle, mit hellen Punkten eingefaßte Wellen zeichnen den braunen Körper. Er ist ein Irrgast in der südlichen Nordsee. Sowohl der Hellfleckige Rochen als auch der Marmorrochen sind ausgewachsen nicht sehr groß.

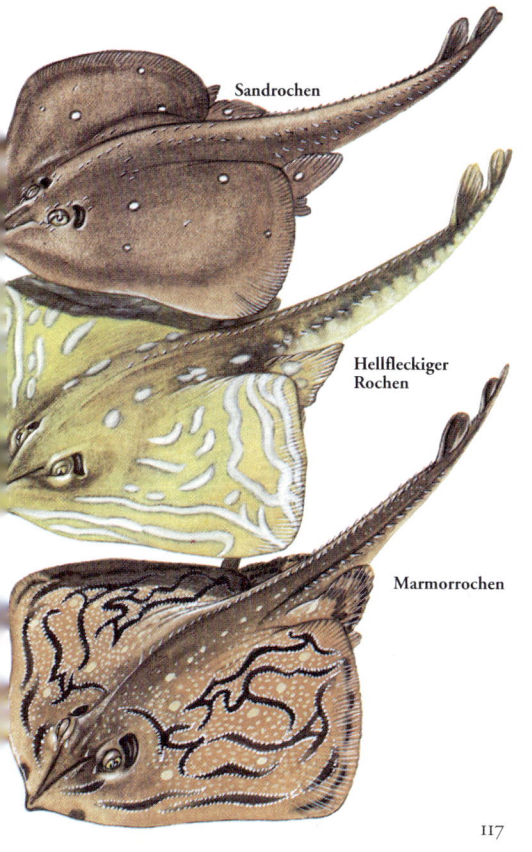

SCHWARZER ZITTERROCHEN
Torpedo nobiliana Bonaparte

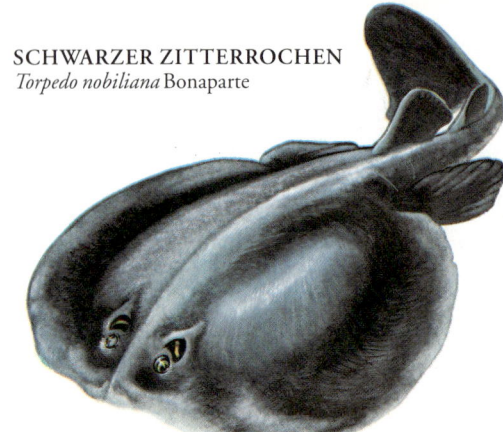

Schwarzer Zitterrochen ♀

Als seltener Sommergast im Norden kann er bis nach England vordringen. Selten ist er in der Nordsee. Die Körperscheibe ist fast kreisrund und dunkelgrün bis grauschwarz gefärbt. Er besitzt große Flossen. Scharfe Dornen fehlen ihm. Bei Berührung kann er jedoch kurze Stromstöße von 45 bis 220 Volt abgeben. Es ist nicht klar, ob dies zur Betäubung seiner Beute oder zum Schutz vor Feinden dient.

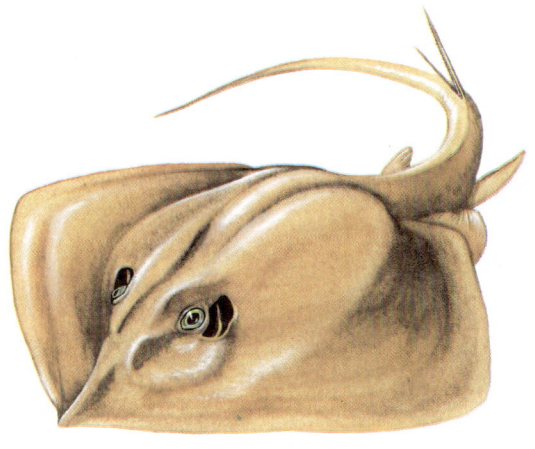

Stechrochen ♂

STECHROCHEN *Dasyatis pastinaca* Linné

Diese weitere, gefährliche Rochenart ist an der ganzen ostatlantischen Küste bis hinauf in den Ärmelkanal verbreitet. In den warmen Monaten liegt der Stechrochen im Flachwasser im Sand eingegraben. Auf der Mitte des Schwanzrückens sitzt ein langer, gezackter Giftstachel. Teilweise sieht man Exemplare mit mehreren Stacheln, die als Ersatzstachel herauswachsen. Eine Verletzung ist äußerst schmerzhaft und kann heftiges Unwohlsein, schlimmstenfalls sogar den Tod verursachen.

Vergrößerung des Maules

Glattrochen

GLATTROCHEN *Raja batis* Linné

Im Nordatlantischen Ozean von Island bis Portugal ist der Glattrochen weit verbreitet. Seltener ist er in der südlichen Nordsee und westlichen Ostsee. Er bevorzugt Tiefen von 30 bis 300 m. Seine durchschnittliche Länge beträgt 1-1,5 m (max. 2,5 m), und er kann bis 100 kg schwer werden. Normalerweise ist er grau oder braun gefärbt, einige erwachsene Tiere sind aber auch mit dunklen oder hellen Flecken marmoriert. Der Bauch ist leicht grau mit dunklen Sprenkeln. Noch nicht geschlechtsreife Tiere sind dornenfrei, während ausgewachsene Männchen Dornen auf der Körperscheibe aufweisen. Die Weibchen sind nur am Kopf und den Flügelkanten bedornt. Beide Geschlechter tragen Stacheln vor der Schnauze. Jungtiere besitzen eine, Erwachsene zwei Längsreihen von Dornen am Schwanzstiel. Männchen erkennt man an den Pterygopodien, den zu Befruchtungsorganen umgewandelten Bauchflossen.

Demersal lebend jagen sie Krebse und kleine Fische im oder dicht über dem Seeboden. Sie überraschen ihre Beute, indem sie ihre riesigen Schwingen über sie schlagen und sie dann in Richtung Maul schieben.

Die Befruchtung ist innerlich, und die Weibchen legen zahlreiche Eier in lederartigen Kapseln verpackt ab.

Weißrochen ♀

WEISSROCHEN *Raja alba* Lacépède

Diese Art trifft man weiter südlich als den Glattrochen an. An der Atlantikküste Irlands ist er dauerhaft heimisch. Fischer berichten von Exemplaren, die fast 2,5 m groß waren und somit ungefähr 200 kg gewogen haben müssen.

    Weißrochen haben eine spitze Schnauze. Die Vorderkante der Flügel ist eingebuchtet. Ein weiteres Merkmal ist der ganz weiße Bauch. Man nennt sie auch Bandrochen.

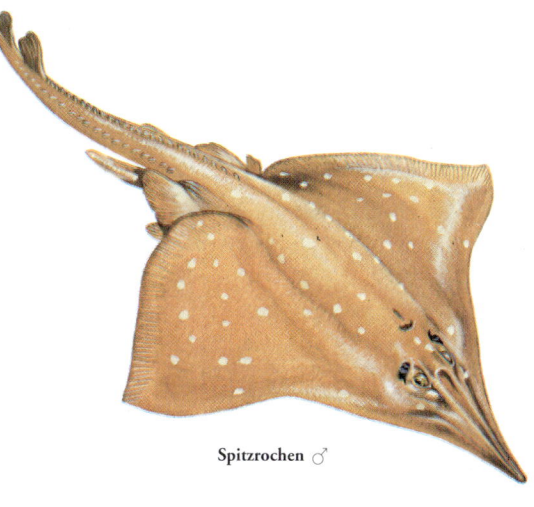

Spitzrochen ♂

SPITZROCHEN *Raja oxyrhinchus* Linné

Dieser kleine und seltene Rochen ist an seiner verlängerten Schnauze gut zu erkennen. Die Vorderkante der Schwingen ist stark konkav eingebuchtet. Seine Lebensgewohnheiten sind denen des Glattrochens sehr ähnlich. Sie bewohnen dieselben Gebiete, doch es scheint, als besitze der ausgewachsene Spitzrochen eine Vorliebe für etwas tieferes Wasser. Der Oberkörper ist dunkelbraun bis grau mit zuweilen hellen Flecken. Die Unterseite erscheint von schmutziggrau bis fast schwarz mit kleinen schwarzen Flecken.

SPROTTE *Sprattus sprattus* Linné

Diese pelagisch lebende Art ist über den ganzen Ostatlantik verbreitet. Sie sieht dem Hering recht ähnlich, ist aber etwas kleiner, und der Körper ist tiefer. Bestimmungsmerkmal ist der gesägte Bauch und die Position der Bauchflossenbasis, die vor der Rückenflossenbasis liegt.

Hering

Sprotte

Heringskutter

HERING *Clupea harengus* Linné

Als Hauptfangfisch steht er unter enormem Druck durch die kommerzielle Fischerei. Doch bis jetzt konnte er in großen Schwärmen im Nordatlantik überleben. In anderen Ozeanen hat er viele Verwandte. Als pelagischer Fisch ernährt er sich von Plankton und winziger Fischbrut. Da der Hering sehr tolerant gegenüber Gewässern mit einem niedrigen Salzgehalt ist, wandert er häufig in Schwärmen in die Flußmündungen ein. Heringe machen jährlich lange Laich- und Nahrungswanderungen.

SARDINE *Sardina pilchardus* Walbaum

Zwei wichtige Merkmale unterscheidet die Sardine vom Hering: strahlenförmige Streifen auf jedem Kiemendeckel und ein rundlicher Bauch. Sie ist vom Mittelmeer bis zum Ärmelkanal verbreitet und nimmt in der Fischerei der temperierten und subtropischen Gewässer die Rolle des Herings ein. Durch ihre rein pelagische Lebensweise kann sie sich nur von Plankton ernähren. Sowohl frisch als auch in Dosen eingelegt ist sie ein geschätzter Speisefisch.

Anchovi

ANCHOVI, SARDELLE
Engraulis encrasicolus Linné

Dieser kleine, silbrige Fisch, sonst südlich verbreitet, wandert saisonal auch in die Nordsee. Bevor das Ijsselmeer in Holland aufgestaut wurde, gab es dort zahlreiche Anchovischwärme. Durch sein typisches Maul ist er von anderen Heringsarten gut zu unterscheiden.

Sardinenfang mit Ringnetzen

Sardine

HORNHECHT *Belone belone* Linné

Der stromlinienförmige, schlanke Hornhecht ist ein schneller Schwimmer. Sonst ozeanisch lebend, wandert er im Sommer zum Laichen in die Küstengewässer. Man kann ihn im Verbund mit Makrelenschwärmen nach Fischbrut jagend dicht unter der Wasseroberfläche beobachten. Auf der Flucht vor Feinden ist er in der Lage, weit über das Wasser zu springen. Sein langes, schnabelförmiges Maul ist voll von scharfen Zähnen.

Hornhecht

Die grünliche Färbung des Oberkörpers geht über in einen weißen Bauch. Die Schuppen sind klein und die Seitenlinie liegt tief am Körper. Der Hornhecht ist wohlschmeckend und besitzt grüne Gräten.

MAKRELENHECHT *Scomberesox saurus* Walbaum

Dieser pelagisch lebende Sommergast, der sonst aus wärmeren Gewässern kommt, sieht dem Hornhecht sehr ähnlich. Nur eine genauere Betrachtung des ›Schnabelmauls‹ und der Flossen zeigt, daß der Unterkiefer etwas länger ist als der Oberkiefer. Hinter der After- und Rückenflosse erkennt man eine Reihe kleiner Flösselchen. Er kann durch Sprünge aus dem Wasser Feinden entfliehen.

MEERAAL *Conger conger* Linné

Der Meeraal ist bei vielen Leuten als Speisefisch nicht sehr beliebt. Dies liegt vielleicht daran, daß er ein schlangenähnliches Aussehen besitzt oder daß er, einmal gefangen, einen fast hypnotisch anstarrt. Jedenfalls sollte er vorsichtig behandelt werden, denn sein Maul ist voller scharfer Zähne. Auch nach dem Fang lebt er noch lange an Land, so daß er noch zubeißen kann, wenn man ihn schon für tot hält. Er kann bis zu 3 m lang und 50 kg schwer werden. Seine variable Färbung paßt sich gut seinen vielen Lebensbereichen an. Über offenem Grund mit wenig bewachsenen Felsen ist er am Rücken grau und am Bauch weiß. Zwischen Wracks und Riffen lebend erscheint er fast schwarz. Die Rückenflosse zieht sich von kurz hinter dem Kopf bis zum Schwanz. Die Afterflosse ist wesentlich kürzer und beginnt erst hinter dem After.

Ähnlich wie der Süßwasseraal unternimmt der Meeraal Laichwanderungen über enorme Distanzen. Nahe Madeira laicht er im Mesopelagial und stirbt danach. Nach dem Schlupf driften die Larven mit warmen Strömungen nach Nordosten an die europäischen Küsten. Während dieser zwei- bis 3jährigen Reise machen die Larven eine Metamorphose durch, die endet, wenn sie die Küsten erreichen. Die jungen Meeraale halten sich bevorzugt in flachen Küstenzonen auf, wo sie sich von kleinen Krebsen ernähren. Ältere Tiere wechseln die Nahrung zu größeren Beutetieren wie Hummern, Krebsen und Fischen. Die nachtaktiven Aale leben in dunklen Höhlen und Felsspalten, wo sie bodenlebenden, langsamen Beutetieren auflauern. Besonders gerne halten sie sich in Fischereihäfen auf, da die Hafenbeckenwände mit ihren Spalten und Unebenheiten ideale Behausungen für den Meeraal bieten und ab und zu Fischabfälle über Bord der Fischerboote gehen. Größere Aale leben häufig in Riffs oder Wracks im Ozean, da sie dort reichlich Nahrung finden.

Typisches Jagdrevier
eines Meeraals

Meeraal

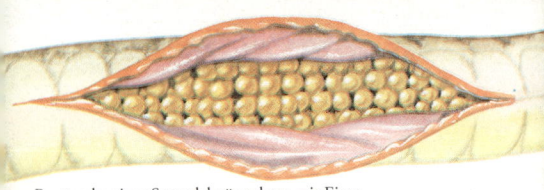

Bruttasche eines Seenadelmännchens mit Eiern

SEENADELN

Im Litoral der europäischen Küsten sind sechs Seenadelarten beheimatet. Der Gattung *Syngnathus* gehören drei Arten an: *S. typhle* Linné (**Grasnadel**), *S. acus* Linné (**Große Seenadel**) und *S. rostellatus* Nilsson (**Kleine Seenadel**). Von der Gattung *Nerophis* kommen zwei Arten vor: *N. lumbriciformis* Jenyns (**Krummschnauzige Schlangennadel**) und *N. ophidion* Linné (**Kleine Schlangennadel**). Die sechste Art ist *Entelurus aequoreus* Linné, die **Große Schlangennadel**, welche ozeanisch lebt und selten ins Flachwasser geht.

Seenadeln sehen sich alle sehr ähnlich. Eines ihrer bezeichnendsten Merkmale ist, daß die Männchen die Eier austragen. Die vom Weibchen abgelegten Eier nimmt es entweder in einer ›Bruttasche‹ unter dem Bauch auf oder klebt sie sich an seinen Unterkörper. Die Männchen der Gattung *Syngnathus* behalten die befruchteten Eier sogar auch nach dem Schlupf noch in ihrer Bruttasche, bis die Larven ca. 2 cm lang sind. Seenadeln sieht man oft aufrecht zwischen Seegras stehen, wo sie sich von kleinen Garnelen, Fischbrut oder anderem Zooplankton ernähren.

Große Seenadel im Seegras

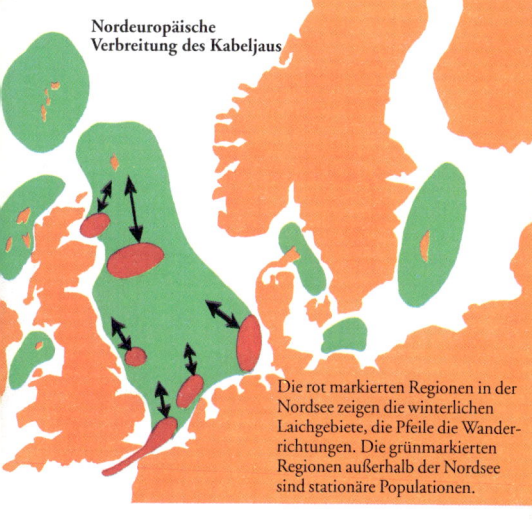

Nordeuropäische Verbreitung des Kabeljaus

Die rot markierten Regionen in der Nordsee zeigen die winterlichen Laichgebiete, die Pfeile die Wanderrichtungen. Die grünmarkierten Regionen außerhalb der Nordsee sind stationäre Populationen.

KABELJAU, DORSCH *Gadus morhua* Linné

Der Kabeljau ist für die Fischerei von größter wirtschaftlicher Bedeutung. Er ist im ganzen nördlichen Atlantik von der Arktis bis in die temperierten Gewässer verbreitet. In großen Schwärmen macht er lange Nahrungs- und Laichwanderungen. Der Kabeljau kann enorm groß werden. In Amerika wurde ein Exemplar mit fast 90 kg angelandet. Das Durchschnittsgewicht beträgt jedoch 5-20 kg.

Typische Färbung eines Kabeljaus

Normalerweise demersal lebend, geht der Kabeljau aber auch in der offenen See nach Herings- und Sprottenschwärmen auf Jagd. Wenn im Winter die Sprottenschwärme näher zur Küste wandern, folgt er seiner Beute in großen Gruppen.

Abhängig von der Umgebung und dem Alter variiert seine Färbung. Während der Wanderzeit ist er auffallend gelblich marmoriert mit braunen Streifen. Der junge, noch nicht geschlechtsreife Kabeljau, welcher auch Dorsch genannt wird, lebt zwischen Algen und Felsen und ist rot bis dunkelbraun. Beide Farbvariationen haben jedoch eine deutlich weiße Seitenlinie, die in Höhe der Brustflosse in einer Kurve verläuft. Der Kabeljau zeichnet sich durch drei Rückenflossen und zwei Afterflossen aus. Sein Kopf ist groß, bei ausgewachsenen Tieren beträgt er fast ein Drittel der gesamten Körperlänge. Bei alten oder laichenden Fischen kann der Bauch leicht abgesackt sein. An seinem Kinn hängt ein Bartfaden, sein Oberkiefer steht vor, und die Lippen sind verdickt.

Der Kabeljau ist ein Allesfresser. In seinem Magen sind neben der normalen eßbaren Nahrung häufig auch Flaschen und Steine zu finden, die er verschlungen hat, weil vielleicht eine Seeanemone darauf saß Ansonsten besteht seine Beute vor allem aus Krebsen, Muscheln und Seeigeln. Küstennah lebender Kabeljau ernährt sich auch von Meeresborstenwürmern und, wenn vorhanden, sogar von Fischen.

Die Weibchen sind äußerst fruchtbar. Ein Weibchen laicht Millionen von Eiern ab, die im Pelagial nach zwei bis vier Wochen (abhängig von der Wassertemperatur) zum Schlupf kommen. Wenige Monate verbringen sie, sich von Plankton ernährend, an der Wasseroberfläche und steigen dann zum Meeresboden ab, um ihr demersales Leben zu beginnen.

Kabeljau: In der Algenzone lebend ist der Kabeljau rötlich gefärbt.

Schellfisch

SCHELLFISCH *Melanogrammus aeglefinus* Linné

Früher einmal war der Schellfisch mindestens so ein wichtiger Speisefisch wie der Kabeljau. Weit verbreitet vom arktischen Polarkreis bis hinunter an die portugiesische Küste wurde dieser nordatlantische Fisch allerdings überfischt und die großen Schwärme erheblich dezimiert. Der Schellfisch ist nicht sehr groß, normalerweise hat er eine Länge von 50 cm und wiegt bis zu 5 kg. In Schwärmen jagt er über Grund Krebse sowie Muscheln, Garnelen und kleine Krabben.

An seinen blauschwarzen Rücken schließt sich eine silberfarbene Seite an, die gekennzeichnet ist von der gekrümmten Seitenlinie und einem großen, schwarzen Fleck über der Brustflosse. Der Oberkiefer ist verlängert, und am Kinn trägt er einen Bartfaden. Die erste Rückenflosse ist deutlich spitz und die Schwanzflosse gegabelt. Zum Laichen wandert er vom Winter bis ins späte Frühjahr in tiefes Wasser ab.

Schellfischfang

FRANZOSENDORSCH *Trisopterus luscus* Linné

Dieser sehr kleine Dorschartige findet seine Verbreitung in den wärmeren Küstenregionen Nord- und Südeuropas. Sein fischereilicher Wert ist gering. Der tiefe Körper ist leicht bronzefarben mit dunklem Rücken und vertikalen Schattierungen. Die Bauchflosse sowie die erste Rückenflosse sind lang und spitz auslaufend. Der stumpfe Schwanz, die großen Augen und der lange Bartfaden am Kinn sind weitere Kennzeichen. Seine Nahrung, wie z.B. Garnelen, kleine Krabben und Fisch, findet er über rauhem Grund, Riffen und sogar zwischen Wracks.

Franzosendorsch

WITTLING, MERLAN *Merlangius merlangus* Linné

Vom Mittelmeer bis zum arktischen Polarkreis ist dieser schlanke, silberfarbene Dorschverwandte verbreitet. In großen Schwärmen jagt er über weichem Grund nach kleinen Fischen und Krebsen. Im Gegensatz zu anderen Dorschen fehlt ihm der Kinnbartfaden. Zum Ergreifen seiner Beute hat er viele kleine, spitze Zähne. Die Afterflosse ist länger als beim Franzosendorsch, und die wahrscheinlich als Tastorgan fungierende Bauchflosse ist verlängert. Er wird nach dem dritten Lebensjahr geschlechtsreif und laicht im Frühjahr. Nicht so sehr als Speisefisch geschätzt, ist er dennoch ein bedeutender Futterfisch für die Industrie.

Bezahnung des Wittlings

Wittling

POLLACK *Pollachius pollachius* Linné

Der Pollack zieht als Jagdgrund rauhe Seeböden und küstenferne Riffe vor. Aus einem Hinterhalt von dichtem Seetang schlägt er zu. Er ist an der nordatlantischen Küste, besonders um Großbritannien herum verbreitet, kommt aber auch bis ins vordere Mittelmeer vor. Seine hübsche Färbung zeichnet sich durch einen grünbraunen Rücken und goldfarbene Flanken aus. Seine schwarze, wie gedrehter Zwirn aussehende Seitenlinie beschreibt einen Bogen über der Brustflosse. Weitere Kennzeichen sind die fehlenden Bartfäden und der längere Oberkiefer. Er jagt kleine Fische und ernährt sich während seiner nächtlichen Vertikalwanderungen auch von Plankton. Laichsaison ist im zeitigen Frühjahr.

KÖHLER *Pollachius virens* Linné

Ähnlich wie der Pollack ist auch der Köhler weiter nördlich verbreitet und bevorzugt größere Tiefen. Jungfische findet man jedoch eher im Flachwasser. Der Fisch hat einen runden Körper und fast gleich lange Kiefer. Der kleine Bartfaden ist schwer erkennbar und kann zuweilen fehlen. Die schwarze Körperfarbe hat einen gräulichen Schimmer. Vom Pollack ist er durch seine gerade und weiße Seitenlinie gut zu unterscheiden. Als Raubfisch jagt er andere Fische, besonders den Hering.

ZWERGDORSCH *Trisopterus minutus* Linné

Dieser kleine Dorschartige sieht dem Franzosendorsch recht ähnlich. Die einzigen Unterschiede sind, daß ihm die vertikalen Streifen und der schwarze Fleck an der Brustflosse fehlen. Der kaum länger als 10 cm werdende Fisch ist rötlich gefärbt. Überall im Nordatlantik vorkommend, ist er sowohl über felsigem Grund als auch über Sand- und Schlammböden auf der Suche nach mikroskopisch kleinen Wirbellosen.

LUMB *Brosme brosme* Linné

Der Lumb lebt als Grundfisch in den Tiefen des Nordatlantiks, vorwiegend um Schottland und Norwegen herum. Die lange Rückenflosse und die fast ebenso lange Afterflosse sind am Schwanzstiel mit der Schwanzflosse verbunden. Am Kinn baumelt ein Bartfaden. Seine Nahrung besteht hauptsächlich aus Krebsen. Eine riesige Anzahl Eier werden zur Laichzeit im tiefen Wasser abgelegt.

BLAUER WITTLING
Micromesistius puotassou Risso

Der Blaue Wittling bewohnt die großen Tiefen des Ozeans, wo er sich von Krebsen und kleinen Fischen ernährt. Er sieht dem normalen Wittling sehr ähnlich, ist aber dünner, und seine drei Rückenflossen stehen weiter auseinander. Der Unterkiefer ist sichtbar länger und die Augen groß. Obwohl im Moment noch wenig Fang mit ihm gemacht wird, zählt er zu den zukünftigen Fischereiarten. Heutzutage wird er mehr zu Fischmehl verarbeitet.

Zwergdorsch

Lumb

Blauer Wittling

LENG *Molva molva* Linné

Seine Heimat sind die tiefen, rauhbödigen Gewässer des Ostatlantiks. Allein lebend jagt er aus Hinterhalten heraus in Riffen, Wracks und an anderen geeigneten Stellen. In der Dorschfamilie ist er die größte Art.

Der Leng ist braunschwarz gefärbt und an den Seiten silbrig. Erwachsene Tiere haben zusätzlich schwarze, seitliche Sprenkel. Die Afterflosse und die zwei Rückenflossen sind weiß gerändert. Am Kinn hängt ein langer Bartfaden, und das Maul ist, typisch für Räuber, voll scharfer Zähne. Im späten Frühjahr legen die fruchtbaren Lengweibchen über 60 Millionen Eier pro Tier ab. In der Fischerei des Nordens werden sie zu Räucher- und Trockenfisch verarbeitet.

Bezahnung des Seehechts

SEEHECHT *Meluccius meluccius* Linné

Er ist sowohl im Nordatlantik als auch im Mittelmeer verbreitet. Bedingt durch Überfischung wird er heute allerdings nur noch selten gefangen. Auch der Seehecht gehört zur Dorschfamilie, besitzt aber keinen Bartfaden, sondern nur zwei Rückenflossen und eine lange Afterflosse. Das große Maul ist mit extrem scharfen Zähnen ausgestattet. Die großen Schuppen lassen sich leicht ablösen.

GABELDORSCH *Phycis blennoides* Brünnich

Diese Art ist im offenen Atlantik nur wenig verbreitet, kommt im Mittelmeer aber häufiger vor. Im tiefen Wasser lebt er in großen Schwärmen. Er besitzt zwei Rücken- und eine Afterflosse. Die Bauchflosse ist zu langen Fäden umgewandelt, die bis zum Anfang der Afterflosse reichen. Der Oberkörper ist mattbraun, der Bauch weiß. Seine Augen sind groß, und am Kinn trägt er einen Bartfaden.

Gabeldorsch

FROSCHDORSCH *Raniceps raninus* Linné

Dieser seltene Dorsch bewohnt allein lebend flache Gewässer mit Steinen und Seetang. Mit seinem breiten Kopf und dem schwarzen Körper sieht er aus wie eine große Kaulquappe. Während die zweite Rückenflosse und Afterflosse sehr lang sind, ist die erste Rückenflosse reduziert auf nur wenige Flossenstrahlen. Weiter besitzt er einen kleinen Bartfaden und dünne, längliche Bauchflossen.

Froschdorsch

SEEQUAPPEN

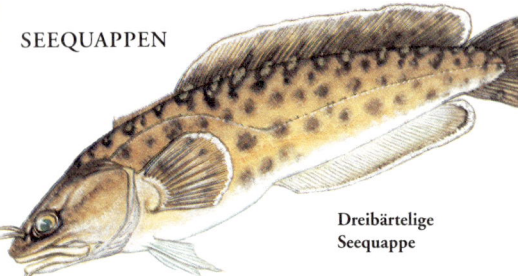

Dreibärtelige Seequappe

Diese scheue Fischgruppe ist mit der Dorschfamilie verwandt. Verhalten und Lebensraum variieren zwischen den Seequappenarten erheblich. In ihrem Aussehen gibt es allerdings nur wenige Unterschiede. Sie sehen einem jungen Leng sehr ähnlich und werden auch oft mit ihm verwechselt. Fünf verschiedene Seequappenarten sind im Nordostatlantik verbreitet:

Dreibärtelige Seequappe *Gaidropsarus vulgaris* Yarell
Vierbärtelige Seequappe *Rhinonemus cimbrius* Linné
Fünfbärtelige Seequappe *Ciliata mustela* Linné
Nördliche Fünfbartelquappe *Ciliata septentrionalis* Collett
Mittelmeer-Seequappe *Gaidropsarus mediterraneus* Linné

Nördliche Fünfbartquappe

Vierbärtelige Seequappe

Als nachtaktive Jäger tragen sie scharfe Zähne, und ihr Maul ist relativ groß. Jede Art hat zwei Rücken- und eine Afterflosse. Die erste Rückenflosse ist rudimentär und liegt in einer Rückenspalte. Zwar sind für alle Arten die Bartfäden kennzeichnend, ihre Anzahl ist jedoch von Art zu Art unterschiedlich.

Fünfbärtelige Seequappe

Mondfisch

MONDFISCH *Mola mola* Linné

Dieser eigenartige Fisch besitzt nur eine Rückenflosse und eine Afterflosse und keine Anzeichen eines Schwanzes. Sein tiefer, seitlich abgeflachter Körper endet hinten mit einer muskulösen Krause. Dieser schwächliche Schwimmer ist, außer im Ärmelkanal und in der Nordsee, weltweit verbreitet. Er läßt sich halb von Strömungen an der Oberfläche treiben, halb paddelt er eigenartig auf der Seite liegend. Mit seinem kleinen Maul ernährt er sich von langsam schwimmenden Larven.

GOTTESLACHS *Lampris guttatus* Brünnich

Wie der Mondfisch ist auch der Gotteslachs in warmen und gemäßigten Zonen verbreitet. Mit seinen zinnoberroten Flossen und der rosa bis blauen Körperfarbe ist er schön anzusehen. Der tiefe Körper ist seitlich gepreßt und der kleine, röhrenförmige Mund mit den dicken Lippen vorstreckbar. Im Sommer driftet er mit warmen Strömungen nordwärts. Seine Hauptnahrung besteht aus Tintenfisch. Selten wird er als Beifang in oberflächenfischenden Netzen gefangen.

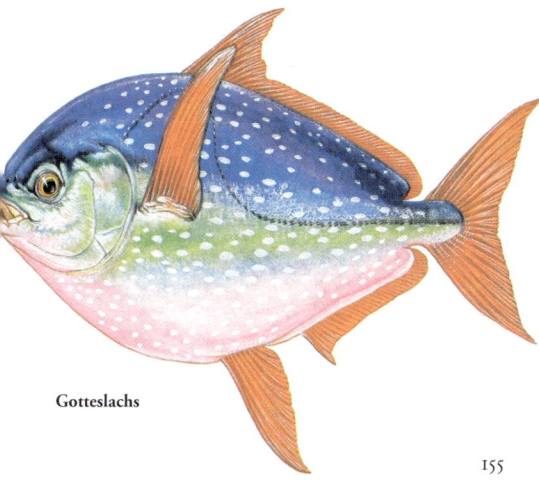

Gotteslachs

PETERSFISCH, HERINGSKÖNIG
Zeus faber Linné

Ein auffälliger Fisch in Form und Färbung. Sein Körper ist hoch und seitlich gepreßt, das Maul groß und kann röhrenförmig hervorschießen. Die vordere der zwei Rückenflossen hat harte Strahlen. An der Bauchflosse befindet sich ein Dorn, vier weitere sind an der Afterflosse. Der schwarze Fleck an der Seite ist ein unübersehbares Merkmal. Der Petersfisch liebt warme, flache Gewässer.

EBERFISCH *Capros aper* Linné

Er ist von ähnlicher Gestalt wie der Petersfisch, nur mit größeren Augen und weniger lebhafter Färbung. In der Deutschen Bucht kommt er als Irrgast vor.

Eberfisch

STÖCKER, HOLZMAKRELE
Trachurus trachurus Linné

Bei uns nur als Sommergast vorkommend, ist der Stöcker ansonsten weit verbreitet. Er ist trotz gewisser Ähnlichkeit mit der Makrele nicht mit ihr verwandt, hält sich aber oft zwischen Makrelenschwärmen auf. Zur Familie der *Carangidae* (Stachelmakrelen) gehörend, ist der Stöcker durch eine Reihe harter Knochenplatten an der Seite leicht zu bestimmen. Seine Farbe ist grünlich bis grau. Die erste Rückenflosse ist hartstrahlig, und zwei spitze Dornen sitzen vor der Afterflosse. Die Schwanzflosse ist tief gegabelt und die Brustflosse gekrümmt und spitz zulaufend. Hinter dem Kiemendeckel fällt ein schwarzer Fleck auf. Gelaicht wird im Sommer, und die Brut hält sich häufig zum Schutz zwischen den Tentakeln der Qualle *Rhizostoma* spp. auf. Es wird vermutet, daß dafür die Larven die Qualle von Parasiten befreien.

Stöcker

Die Makrele ist ein wichtiger Nutzfisch. Auf ihren weiten Wanderungen sucht die Makrele mit Vorliebe küstennahe, bewachsene Riffe auf.

Makrele

Gekielte Schuppenschilder entlang der Seitenlinie des Stöcker

Kopf einer Makrele

Blinker

MAKRELE *Scomber scombrus* Linné

Als einer der schnellsten Schwimmer gehört die Makrele zur Familie der Thunfische. Dieser pelagisch lebende Fisch wandert im Frühsommer in großen Schwärmen ins Flachwasser unserer Küsten, um die Brut anderer Fische zu jagen. Zur Überwinterung zieht er in die tiefen, küstenfernen Gewässer.

Die Makrele ist unverwechselbar in Gestalt und Farbe. Ihr stromlinienförmiger Körper mit den kleinen Flossen, die zur Verringerung der Reibung in eine Art Grube eingefahren werden können, ist für hohe Geschwindigkeiten gebaut. Die Schwanzflosse ist tief gegabelt, und am Schwanzstiel sitzen kleine Flösselchen. Schlecht sichtbar sind die scharfen Dornen hinter dem After, die einen, wenn man nicht aufpaßt, leicht verlet-

zen können. Weitere Kennzeichen sind die Kiele an der Schwanzwurzel, die in Höhlen versenkten Augen und das Fehlen einer Schwimmblase. Eine frischgefangene Makrele schimmert metallisch grün und blau. Ein auffälliges Muster von schwarzen Linien umschlingen den Körper. Die Seiten sind schwach grün, und auf dem weißen Bauch sitzen in unzähligen Farben schimmernde Schuppen.

Durch den intensiven Fang mit Tiefseeschleppnetzen der europäischen Fischerei wurden die einst so fruchtbaren Schwärme in ihrem Bestand stark dezimiert. Die Makrele ist einer unserer bekanntesten Speisefische, und die Forderung nach einer ausgedehnteren Fangerlaubnis hat furchtbare Auswirkungen.

STREIFENBARBE *Mullus surmuletus* Linné

Die Streifenbarbe gehört zu der in den Tropen lebenden Familie der Meerbarben, kommt aber auch im Flachwasser der europäischen Küsten und des Mittelmeeres vor. Man kann sie leicht an ihren leuchtenden Farben bestimmen. Ihre Stirn ist flach, und am Kinn hängen lange Bartfäden. Diese werden benutzt, um im Sand oder Schlamm lebende Wirbellose aufzuspüren.

Streifenbarbe

BRACHSENMAKRELE *Brama Brama* Bonnaterre

Dieser weltweit verbreitete Fisch wird im Herbst und

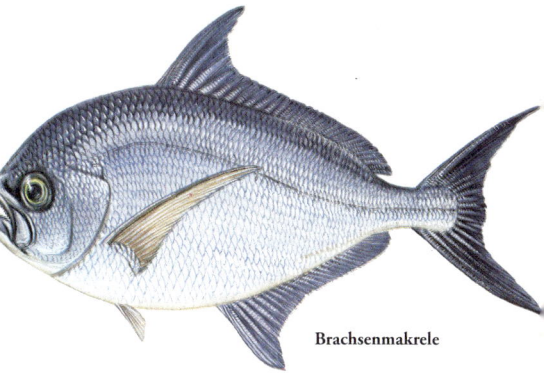

Brachsenmakrele

Winter regelmäßig an die Küsten der Nord- und Ostsee gespült. Das ganze Jahr über lebt er im Nordostatlantik sowie um die portugiesische und spanische Küste herum. Sein hochrückiger, seitlich abgeflachter Körper kennzeichnet ihn als Tiefseefisch. Die Färbung ist häufig metallisch blau, kann aber auch braun bis grau sein. Seine spitzen Zähne sind nicht ungefährlich.

Nahrung des Wolfsbarsches

Sandaal

Krabbe

Fischbrut

Garnele

WOLFSBARSCH *Dicentrarchus labrax* Linné

Der Wolfsbarsch ist unter Sportanglern sehr beliebt. An den Stränden des Mittelmeeres und westeuropäischen Küsten findet man ihn, häufig in der Brandung schwimmend, auf Nahrungssuche. Sein Hauptverbreitungsgebiet liegt südlich der britischen Inseln. Er zieht aber auch gelegentlich in Schwärmen bis zu den friesischen Inseln Hollands. In die weiter nördlich gelegenen Regionen ziehen nur einzelne, größere Wolfsbarsche. Als brackwassertoleranter Fisch wandert er auch bis in das Brackwasser der Flußmündungen. Hier frißt er schlammbewohnende Krebse und andere Wirbellose. Dies ist auch der Lebensraum der Meeräsche (*siehe* Seite 202), die man gelegentlich mit aus dem Wasser herausragender Rückenflosse das Flachwasser der Ästuare durchstreifen sieht. Aufgrund der großen Ähnlichkeit zwischen diesen beiden Arten kann es leicht zu Verwechslungen kommen.

Der Körper des Wolfsbarsches ist muskulös und zeichnet ihn als kraftvollen Schwimmer aus. Die harten Schuppen haben einen dornigen Hinterrand und fühlen sich dadurch rauh an. Die erste Rückenflosse ist hartstrahlig, die zweite weichstrahlig. Drei Dornen kennzeichnen den Beginn der Afterflosse, und je ein Dorn sitzt an jeder Bauchflosse. An den scharfen Platten des Kiemendeckelrands kann man sich leicht schneiden, wenn man ihn unvorsichtigerweise an den Kiemen greifen will.

Über sein Laichverhalten ist nur wenig bekannt. Zur selben Zeit findet man sowohl laichreife Tiere an der irischen Küste wie auch Fische, die schon abgelaicht haben, südlich vor England. Der Laichzeitraum scheint groß zu sein, und abgelaicht wird, wo sich gerade gute Bedingungen finden. Auch weiß man wenig über die jährlichen Wanderungen ins tiefe Wasser. An wärmeren Küsten findet man ihn wegen der stabileren Verhältnisse das ganze Jahr über. Dadurch, daß die Geschlechtsreife erst spät eintritt, sind sie wegen Überfischung stark gefährdet. Die Bemühungen, die kommerzielle Fischerei des Wolfsbarsches einzudämmen, hat weltweit schon zu Ergebnissen geführt.

Stürmischer Strand – Jagdgebiet des Wolfsbarsches

Verbreitung der Streifenbrasse und Wanderung (Pfeil) im Sommer aus dem Mittelmeer

STREIFENBRASSE *Spondyliosoma cantharus* Linné

Im Mittelmeer weit verbreitet, ist sie im Nordatlantik nur Gast. Der hochrückige, abgeflachte Körper ist rosa gräulich mit goldbeschuppten, horizontalen Streifen unterhalb der Seitenlinie. Im Unterschied zum Graubarsch hat sie keinen schwarzen Fleck über der Brustflosse. Die lange Rückenflosse besitzt 11 harte und 12-14 weiche, verzweigte Flossenstrahlen.

GRAUBARSCH *Pagellus bogaraveo* Brünnich

Mit ähnlicher Verbreitung wie die Streifenbrasse findet man ihn etwas weiter nördlich. Kennzeichnend sind seine roten Flossen, goldenen Schuppen, großen Augen und der schwarze Schulterfleck. In Schwärmen geht er über felsigem Grund auf Nahrungssuche.

Typisches Habitat des Gefleckten Lippfischs

GEFLECKTER LIPPFISCH
Labrus bergylta Ascanius

Er kommt im flachen Wasser der ostatlantischen Felsenküsten vor. Seine Färbung, geprägt durch Grün, Braun und Rot, kann erheblich variieren. Weitere Kennzei-

Gefleckter Lippfisch

chen sind der orange Kehlfleck und ein rot-braunes Gittermuster auf der Schulter und dem Kopf. Sein untersetzter, stämmiger Körper besitzt dunkelgeränderte Schuppen. Die Flossen sind groß. Der vordere Teil der Rückenflosse ist hartstrahlig, der hintere Teil hat weiche Strahlen.

Im Felsen- und Seegraswiesenlitoral geht er auf die Suche nach Mollusken und Krebsen. Mit seinen verdickten Lippen und den meißelähnlichen Zähnen ist er in der Lage, an Felsen festsitzende Napfschnecken loszureißen. Im Frühjahr beginnt er zwischen Felsspalten mit dem Nestbau. Dazu werden Büschel von Seetang mit einem körpereigenen Schleim verbunden. Der Gefleckte Lippfisch ist sehr kälteempfindlich und zieht sich im Winter in tiefere Wasserschichten zurück.

♂

KUCKUCKSLIPPFISCH *Labrus bimaculatus* Linné

Dieses Mitglied der Familie der Lippfische ist ein schlanker und farbenfroher Fisch. Seine Schnauze ist länger als bei anderen Lippfischen. Wie bei dem Gefleckten Lippfisch ist der Kiemendeckel beschuppt, und der kräftige, spitze Kiefer beherbergt am Schlundeingang starke Mahlzähne. Die beiden Geschlechter präsentieren sich in einer unterschiedlichen Färbung, was früher häufig zu Verwirrungen führte. Das Männchen

♀

ist an Kopf und Oberkörper schimmernd blau mit orangenem Bauch und Flossen. Eine dunkelblaue Streifenmarmorierung überzieht den Körper. Das Weibchen dagegen ist rötlich-orange mit schwarzen Flecken unter dem hinteren Teil der Rückenflosse. Der Kuckuckslippfisch bewohnt ähnliche Lebensräume wie der Gefleckte Lippfisch. Er kommt allerdings nicht so häufig vor und bevorzugt tiefere Wasserschichten. Oftmals fängt man ihn mit Hummerkörben, wo er bei dem Versuch, die Krebse zu stehlen, hängenbleibt.

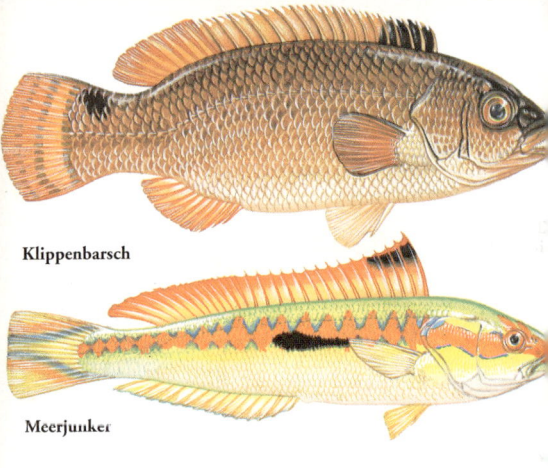

Klippenbarsch

Meerjunker

KLIPPENBARSCH *Ctenolabrus rupestris* Linné

Dieser kleine Lippfisch bewohnt die felsigen Küsten von Norwegen bis Marokko. Ihn kennzeichnet der dunkle Fleck am Vorderende der Rückenflosse und am oberen Ende des Schwanzstiels.

MEERJUNKER *Coris julis* Linné

Von allen Lippfischen hat der Meerjunker die spitzesten Flossenstrahlen. Ihm fehlt eine Beschuppung auf dem Kiemendeckel und am Kinn. Die Farbgebung ist sehr unterschiedlich: Das Männchen besitzt einen rosa-grünen Oberkörper und gelbe bis graue Seiten. Die weniger

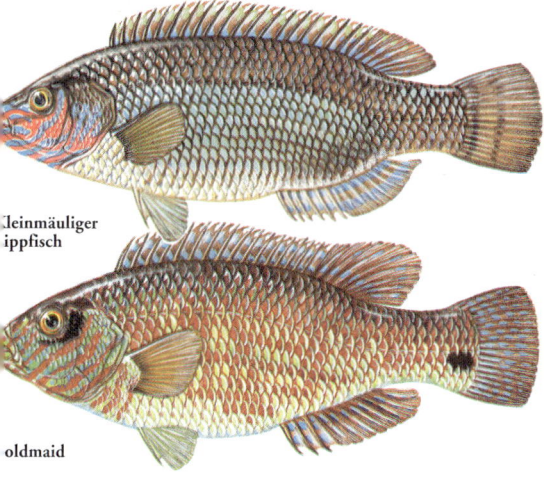

Kleinmäuliger Lippfisch

Goldmaid

farbigen Weibchen sind durch einen hellen Seitenstreifen zu erkennen.

KLEINMÄULIGER LIPPFISCH
Centrolabrus exoletus Linné

Er ist rund um Großbritannien und Südnorwegen verbreitet. Wie sein Name sagt, besitzt er ein kleines Maul und fünf Stacheln vor der Afterflosse.

GOLDMAID *Crenilabrus melops* Linné

Dieser kleine Fisch sieht dem Gefleckten Lippfisch ähnlich, er unterscheidet sich aber durch einen dunklen Fleck am Schwanzstiel und einem hinter dem Auge.

PETERMÄNNCHEN

Diese Fische sind giftig. Mit ihren Stachelstrahlen der ersten Rückenflosse, die in ihrer Basis kleine Giftdrüsen besitzen, können sie schmerzhafte Wunden hervorrufen. Beim Großen Petermännchen muß man zusätzlich auf den Stachel am Kiemendeckel achtgeben.

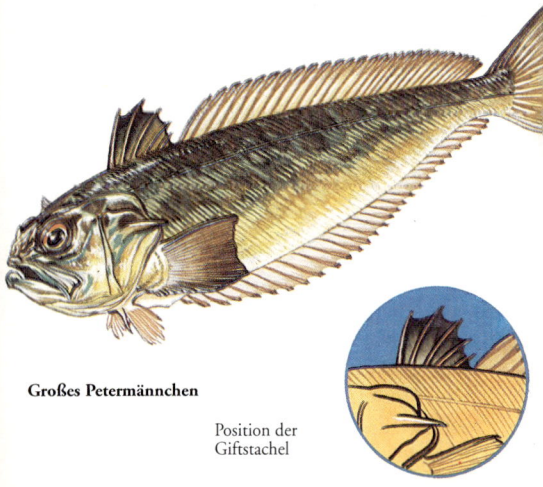

Großes Petermännchen

Position der Giftstachel

Die kleine, nur 20 cm große **Viperqueise** oder auch **Kleines Petermännchen** *Trachinus vipera* Cuvier hält sich gern im flachen Wasser nahe dem Strand auf. Dort liegt sie im Strand eingegraben, nur die Giftstacheln ragen heraus. Petermännchen ernähren sich von winzigen Wirbellosen und Fischlarven.

Das **Große Petermännchen** *Trachinus draco* Linné ist zwei- bis dreimal größer als sein kleiner Verwandter. Es ist von schlanker Gestalt und hat Punkte und Streifen auf grünblauem Grund. Man findet es häufiger in tieferem Wasser.

Viperqueise

GESTREIFTER SEEWOLF *Anarhichas lupus* Linné

Dieser finster aussehende Fisch kommt von der Arktis bis zur temperierten Zone auf beiden Seiten des Nordatlantiks vor. Man nennt diesen großen, bodenbewohnenden Fisch auch Kattfisch. Sein Lebensraum ist der Felsgrund des tiefen Wassers.

Seine gekräuselte, lange Rückenflosse zieht sich vom Kopf bis zum Schwanzstiel. Die ebenso weit reichende Afterflosse beginnt erst am Darmausgang. Die Brustflossen erscheinen wie große, runde Paddel. Die Bauchflossen fehlen völlig, und die Beschuppung ist nur rudimentär. Seine Färbung ist eintönig grüngrau mit braunem marmorierendem Muster an der Seite und den Flossen. Der Kopf ist von derber Form, und das große Maul ist mit gekrümmten Eckzähnen an Ober- und Unterkiefer sowie dahinterliegenden Reihen von kleineren Mahlzähnen ausgestattet. Sogar der Gaumen ist bezahnt. Diese ›Bewaffnung‹ hat er nötig, um mit seiner Nahrung wie Krabben, Hummer und anderen Schalentieren fertig zu werden.

Die Kattfische erzielen aufgrund ihres wohlschmeckenden Fleisches gute Preise auf den Fischmärkten. Außerdem ist ihr Fang lohnend, da sie beachtliche Größen erreichen können. Angelandete Seewölfe von über 2 m Länge sind keine Seltenheit. Aus diesen Gründen bilden sie einen wichtigen Zweig in der Fischerei der Nordmeere, wo sie mit Schlagnetzen und Langleinen gefangen werden. In Deutschland werden sie unter dem Namen ›Karbonadenfisch‹ auf den Markt gebracht.

Schwertfisch

THUNFISCH *Thunnus thynnus* Linné
Dieser ozeanische Jäger durchstreift weltweit das Pelagial, immer auf der Jagd nach Beute. Der Thunfisch bevorzugt die wärmeren Meere, wandert aber nach dem Ablaichen auch in den Norden. Er kann über 2 m lang werden mit einem Gewicht bis zu 300 kg. Als Speisefisch ist er von weltweiter Bedeutung. An den Küsten trifft man selten auf ihn.

Thunfisch

SCHWERTFISCH *Xiphias gladius* Linné

Der Schwertfisch ist mit dem Thunfisch und der Makrele verwandt. Sein Oberkiefer ist extrem verlängert und zu einer Art abgeflachtem Schnabel geformt, dem ›Schwert‹. Die zwei Rückenflossen stehen sehr weit auseinander, und zwei kleine Kiele ziehen sich längs des Schwanzstiels.

Alte Geschichten berichten über Attacken von Schwertfischen auf kleine Boote, die vermutlich aber aus Versehen geschahen.

BLAUMAUL *Heliconelus dactylopterus* Delaroche

Dieser weiter südlich als der Kleine Rotbarsch vorkommende Fisch wird in den Tiefen um Schottland, Irland und Westnorwegen angetroffen. Beide Fische besitzen eine gewisse Ähnlichkeit. Unterscheidungsmerkmal des Blaumauls sind die blauschwarze Mundhöhle und die ziemlich große Brustflosse.

Blaumaul

KLEINER ROTBARSCH *Sebastes viviparus* Krøyer
Sein gedrungener, untersetzter Körper ist leuchtend rot gefärbt. Sein Lebensraum sind die rauhen Seeböden der tiefen, arktischen Meere. Besondere Kennzeichen sind die Dornen an den Kiemendeckeln. Die riesigen Augen fallen an dem ebenfalls recht großen Kopf auf. Sein größerer Verwandter ist der bei uns als Speisefisch geschätzte Große Rotbarsch *Sebastes marinus* Linné. Beide Arten zeigen in Gestalt und Verbreitung große Ähnlichkeit. Eine weitere Besonderheit der Familie der Rotbarsche ist, daß sie lebendgebärend sind.

Kleiner Rotbarsch

Seekuckuck

SEEKUCKUCK *Aspitrigla cuculus* Linné

Der Kopf des Seekuckucks ist von Knochenschildern bedeckt. Die Brustflossen sind in zwei Bereiche unterteilt, denn die drei untersten Strahlen sind zu steifen Tastfühlern umgewandelt. Mit diesen ist er sogar in der Lage, auf dem Meeresboden zu laufen. Die erste Rückenflosse ist hartstrahlig und die Schwanzflosse tief gegabelt. Vertikale Knochenplatten ziehen sich die ganze Seitenlinie entlang. Sein Verbreitungsgebiet ist der ganze europäische Atlantik.

Roter Knurrhahn

ROTER KNURRHAHN *Trigla lucerna* Linné

Der Rote Knurrhahn ist größer, kommt aber seltener vor als der Seekuckuck. Meistens hält er sich im Flachwasser auf. Seine Färbung ist sehr variabel, was eine Bestimmung erschwert. Gut zu erkennen ist er jedoch an seinen großen blaugeränderten Brustflossen, die bis zur Afteröffnung reichen. Dunkle Flecken können auch auf den Brustflossen erscheinen. Der Rote Knurrhahn besitzt eine fast weiche Seitenlinie, die sich nur leicht kammartig anfühlt.

GRAUER KNURRHAHN *Eutrigla gunardus* Linné
Dieser am häufigsten vorkommende Knurrhahn ist bis zum nördlichen Polarkreis verbreitet. Seine stachelige Seitenlinie und Reihen von Stacheln an der Rückenflossenbasis kennzeichnen ihn. Die Farbe kann von blau bis blaßrot variieren. Für gewöhnlich sind die Seiten und der Rücken hell gefleckt. Im Sommer zieht es ihn ins flache Wasser. Der Name ›Knurrhahn‹ leitet sich von der Fähigkeit zu knurren ab. Dieses Geräusch wird von der Schwimmblase produziert und dient wahrscheinlich dazu, anderen Fischen etwas zu signalisieren. Man kann das Knurren spüren und leise hören, wenn man sich den lebenden Fisch auf die Handfläche legt.

Grauer Knurrhahn

LANGFLOSSENKNURRHAHN
Aspitrigla obscura Linné

Diese seltene Tiefseeart ist durch ihren zweiten, extrem langen Rückenflossenstrahl von den anderen Knurrhähnen gut zu unterscheiden. Der Langstachelige Knurrhahn *Trigla lyra* Linné bevorzugt ebenfalls die Tiefsee. Namengebend ist der lange Stachel, der am Hinterrand des Kiemendeckels herausragt und die halbe Länge der Brustflosse erreicht. Der stumpfe Kopf, die farbige Streifung und die vertikalen Linien auf dem Rumpf sind Kennzeichen des Gestreiften Knurrhahns *Trigloporus lastoviza* Brünnich. Diese Art ist in Europa weit verbreitet.

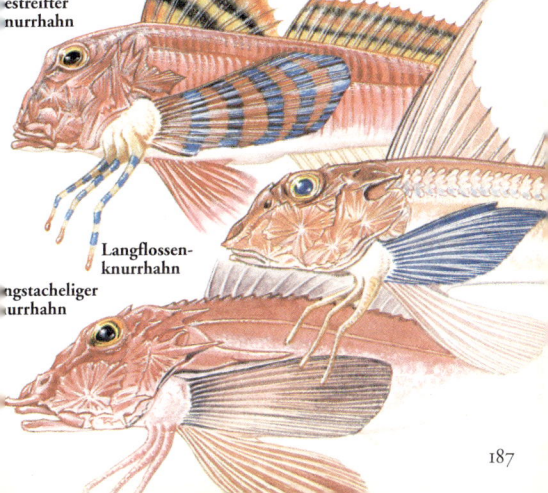

Gestreifter Knurrhahn

Langflossenknurrhahn

Langstacheliger Knurrhahn

GROPPEN

Zahlreiche Dornen an Körper, Kiemendeckel und der ersten Rückenflosse kennzeichnen diese kleinen, farbigen Fische. Der **Seeskorpion** *Myxocephalus scorpius* Linné lebt im Litoral, wo er sich von Wirbellosen und Fischlarven ernährt. Wie beim **Seebull** *Taurulus bubalis* Cuvier auch, legt das Weibchen den vorher innerlich befruchteten Laich in Klumpen auf dem Boden ab. Das Männchen bewacht ihn dann bis zum Schlupf.

GESTREIFTER LEIERFISCH
Callionymus lyra Linné

Dieser schlanke Fisch bewohnt flache Sandgründe. Das Männchen ist lebhaft gefärbt, und seine erste Rückenflosse ist extrem lang. Das Weibchen dagegen ist von gelblich-brauner Farbe mit kleineren Flossen.

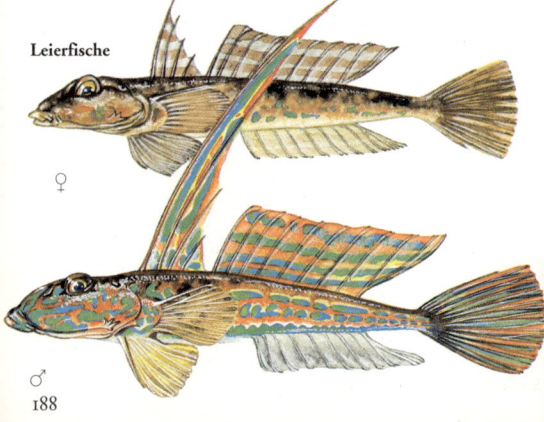

Leierfische

♀

♂

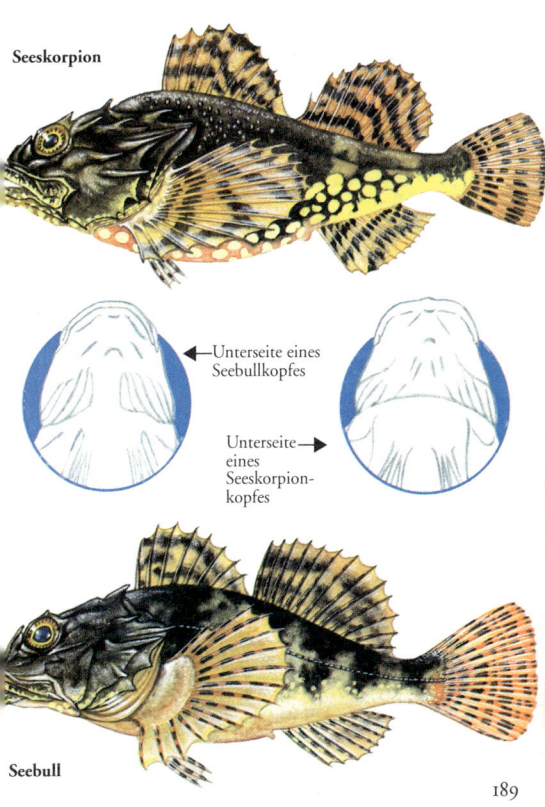

SEESTICHLING *Spinachia spinachia* Linné

Wie auf S. 84 zu sehen war, kommen zwei Stichlingsarten im Süßwasser vor, wobei eine davon sogar im Brackwasser der Ästuare lebt. Eine dritte, hier beschriebene Art, der Seestichling, verbringt sein ganzes Leben in den Gewässern vor den nordeuropäischen Küsten. Er unterscheidet sich von den anderen Arten durch seine 14-17 Stacheln, die vor der Rückenflosse liegen. Seine Färbung variiert mit der Farbe seiner Umgebung, Oliv-gelb ist jedoch vorherrschend.

Der Seestichling baut Nester zwischen Seetang, indem er mit einem Nierensekret Algenreste miteinander verklebt. Wie bei allen Stichlingsarten legt das Weibchen die Eier im Nest ab, und das Männchen kümmert sich um die Nachkommen.

Nest des Dreistachligen Stichlings

Nest des Seestichlings

Aalmutter

Gestreifter Schleimfisch

AALMUTTER *Zoarces viviparus* Linné

Dieser häufige im Litoral lebende Fisch, versteckt sich gerne zwischen Seetang und Steinen der Algenzone. Die lange, vom Kopf bis zum Schwanz reichende Rückenflosse ist im hinteren Teil niedriger, und die Flossenstrahlen sind schwach stachelig. Seine Farbe ist abhängig von der Umgebung, in der Regel aber oliv-braun mit dunkler Marmorierung. Das Besondere an diesem Fisch ist die innerliche Befruchtung. Das Weibchen gebärt bis zu 250 lebende Junge. Diese sind nach der Geburt sofort schwimmfähig und ernähren sich selbständig von winzigen Wirbellosen und Plankton.

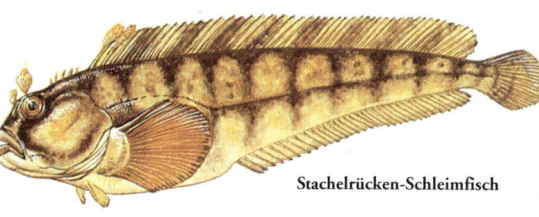

Stachelrücken-Schleimfisch

Montagu's Schleimfisch

SCHLEIMFISCHE

Der Stachelrücken-Schleimfisch *Chirolophis ascanii* Walbaum lebt zwischen den Algen der Felsenküste. Sein Körper ist schlank und länglich. Über den Augen sitzen zwei Paar Hautanhänge (Augententakeln), und weitere finden sich auf den Spitzen der ersten Rückenflossenstrahlen.

Weiter südwestlich in Europa kommen noch zwei weitere kleinere Schleimfischarten mit Augententakeln vor, der **Montagu's Schleimfisch** *Blennius galerita* Linné und der **Gestreifte Schleimfisch** *Blennius gattorugine* Brünnich.

GRUNDELN

Die Grundeln sind kleine Fische, die die flachen Gewässer der Küsten bewohnen. Durch ihre zu einer Saugscheibe verwachsenen Bauchflossen können sie der Verdriftung durch Wellen entgegenwirken, indem sie sich z. B. an Felsen festsaugen. Ihre Eier heften sie an Pflanzen oder kleben sie in leere Muschelschalen. Die Männchen bewachen sie dann.

Die **Fleckengrundel** *Pomatoschistius pictus* Malm ist durch zwei Längsreihen bunter Flecken und durch eine seitliche Reihe zweigeteilter brauner Punkte zu bestimmen. Die **Sandgrundel** *Pomatoschistius minutus* Pallas ist etwas größer, und ihr wesentliches Merkmal ist ein schwarzer Fleck am Hinterrand der Rückenflosse. Die **Schwarzgrundel** *Gobius niger* Linné ist von wirklich dunkler Färbung, und die Rückenflossen sind zusammengewachsen.

GROSSER SANDAAL
Hyperoplus lanceolatus Lesauvage
Diese dünnen, aalähnlichen Fische besitzen eine lange Rückenflosse und eine gegabelte Schwanzflosse. Beiderseits der langen Schnauze sind dunkle Flecke. Die Farbe der Körperoberseite ist grün, der Bauch ist silbrig. Sie kommen in Schwärmen über küstenfernen Sandbänken vor, wo sie sich von Zooplankton ernähren. Ihr Verbreitungsgebiet reicht von der Biskaya bis zum Nordkap. Als Nahrung für andere ozeanische Räuber nehmen sie in der Nahrungskette einen wichtigen Platz ein.

KLEINER SANDAAL *Ammodytes tobianus* Linné
Der Lebensraum ist ähnliche wie beim Großen Sandaal. Im Gezeitenbereich gräbt er sich bei Ebbe in den Sand ein. Hier wird er dann von Anglern oft ausgegraben, die ihn als Koderfisch benutzen. Er wird auch als Speisefisch geschätzt.

Kopf des Großen Sandaals

Eingegrabene Sandaale und vor einem Wolfsbarsch fliehende Sandaale

SEEHASE *Cyclopterus lumpus* Linné

Im nördlichen Atlantik lebend zieht er die Felsgründe des Flachwassers vor. Seine zweite Rückenflosse sitzt

Seehase

weit hinten, die erste ist in einen Knötchenkamm umgewandelt. Der ganze Körper ist mit kleinen Knochenhöckern bedeckt. Drei Reihen großer Dornen befinden sich an der Seite. Die Bauchflossen sind zu einer Saugscheibe umgewandelt, mit der er sich an Felsen festhalten kann. Seine Färbung ist geschlechtsspezifisch. Die Männchen sind oberseitig blauschwarz mit einer Spur von Rot am Bauch. Die Weibchen haben eine schwach graublaue Farbe. Nach der Paarbildung werden im Frühjahr zahlreiche Eier abgelegt. Bis zum Schlupf werden sie von den Männchen bewacht. Die künstlich schwarz gefärbten Eier kommen als Kaviarersatz (›Deutscher Kaviar‹) in den Handel.

BUTTERFISCH *Pholis gunnellus* Linné

Im Schutz von Wasserpflanzen und Algen lebt der Butterfisch im Flachwasser des Nordatlantiks. Wie schon sein Name andeutet, ist er glitschig wie Butter und schwer mit der Hand festzuhalten. Bei Kindern ist er sehr beliebt, denn bei Ebbe kann man ihn leicht in kleinen Tidepfützen fangen, wobei nur wenig Wasser genügt, um den Körper feucht zu halten. Er ist einfach an

Butterfisch

seiner aalähnlichen Form und der langen Rückenflosse zu erkennen, die auffällige schwarze Punkte mit weißen Rändern zeigt. Die Afterflosse ist eine halbe Körperlänge lang.

STEINPICKER *Agonus cataphractus* Linné

Durch seine knöchernen Panzerplatten erhält er ein vorgeschichtliches Aussehen und ist so unverwechselbar und leicht zu bestimmen. Unter dem Kinn und um das Maul sitzen Gruppen harter Borsten. Die harten Strahlen der Rückenflossen sind dunkelbraun gesprenkelt. Als demersale Art lebt er zwischen Algen über weichem Seeboden.

Der Wrackbarsch wandert lange Strecken im Schutze von Treibgut

WRACKBARSCH

Polyprion americanus Bloch und Schneider

Er lebt normalerweise im südlichen Atlantik und verirrt sich nur selten in die Deutsche Bucht. Als Einzelgänger jagt er zwischen den Felsen tieferer Schichten. Da er gerne auch Schiffswracks als Lebensraum annimmt, hat er seinen Namen erhalten. Die vorderen Rückenflossenstrahlen sind hart, die hinteren weich. Die Afterflosse liegt sehr weit hinten und ist klein. Auffallend ist der Knochengrat am Kiemendeckel. Die Farbe kann zwischen braunrot und schmutziggelb variieren. Für seine Körpergröße (bis 2 m und 50 kg) sind die Schuppen verhältnismäßig klein.

Dünnlippige Meeräsche

MEERÄSCHEN

Die Meeräschen, bekannte Sommerfische, wandern, vom Mittelmeer kommend, im späten Frühjahr in unsere Gewässer ein. Alle drei Arten halten sich gerne unter Treibgut versteckt in Fischerhäfen auf, wo sie im Schatten der Boote auf herunterfallende Leckerbissen hoffen. In flachen Flußmündungen kann man sie dicht unter der Wasseroberfläche mit herausragender Rückenflosse schwimmen sehen. Die **Dünnlippige Meeräsche** *Liza ramada* Risso hat eine dünne Oberlippe und einen breiten Kehlraum. Die Oberlippe der **Dicklippigen Meeräsche** *Chelon labrosus* Risso ist verdickt und der Kehlraum eng. Beide Arten besitzen eine auffällige, hartstrahlige erste Rückenflosse. Eine Seitenlinie fehlt.

Kopf einer
Dünnlippigen Meeräsche

**Dicklippige
Meeräsche**

Kopf einer Goldmeeräsche
– man beachte die Länge
der Brustflosse im Vergleich
zur Dünnlippigen Meeräsche

GOLDMEERÄSCHE *Liza aurata* Risso

Verbreitung der Goldmeeräsche

Goldmeeräsche

204

Diese Art, im Norden weniger verbreitet als die anderen Meeräschen, schimmert an den Seiten und am Bauch leicht golden. Zudem zeichnen goldgelbe Flecken die Wangen. Die Oberlippe ist dünn und der Kehlraum breit. In ihrer Gestalt ähnelt sie den anderen Äschenarten. Sie ist ein geschätzter Speisefisch.

SCHAN *Blennius pholis* Linné

Mit dem Gestreiften Schleimfisch verwandt, lebt dieser kleine Fisch an felsigen Küsten. Man findet ihn auch in Gezeitentümpeln, wo er sein Territorium gegen Eindringlinge scharf verteidigt. Die lange Rückenflosse ist deutlich in der Mitte eingekerbt. Der graugrüne Körper ist hell und dunkel gescheckt. Die Afterflosse rundet sich nach hinten leicht.

Schan

HEILBUTT *Hippoglossus hippoglossus* Linné

Dieser größte aller Plattfische kann bis zu 250 kg schwer werden. Er ist fast in der ganzen arktischen Region verbreitet. Bei uns findet man ihn im tiefen Wasser der nordwestlichen Küste Norwegens, Schottlands und Irlands. Er ist rechtsseitig und weich beschuppt. Mit seinem starken Schwanz kann er kraftvoll schwimmen, und starke Strömungen machen ihm nichts aus. In der kommerziellen Langleinenfischerei ist er sehr begehrt, da die Nachfrage auf dem europäischen Markt groß ist.

Sein Verwandter, der **Schwarze Heilbutt** *Reinhardtius hippoglossoides* Walbaum, zeigt eine weniger symmetrische Anordnung der Flossen, und seine Seitenlinie ist fast gerade. Die Blindseite ist dunkel.

Heilbutt

Der **Schwarze Heilbutt** ist eine rein arktische Art und bevorzugt kältere Gewässer als sein größerer Verwandter, der Heilbutt. Die Abbildung zeigt den Schwarzen Heilbutt, gefangen an einer Langleine.

Beide Heilbuttarten leben im tiefen Wasser, wo es schwer ist, sie zu fangen. Man befischt mit Langleinen Tiefen von 500-1000 m.

Steinbutt

STEINBUTT *Psetta maxima* Linné

Unter den linksseitigen Plattfischen ist dies die größte Art. Zu seiner runden Gestalt kommt eine breite, kräftige Schwanzflosse, und auf der Oberseite sitzen bis an den Rand zahlreiche Knochenhöcker. Die Rückenflosse beginnt vor dem oberen Auge. Die Seitenlinie beschreibt eine Kurve um die Brustflosse. Die Blindseite ist fast weiß und schuppenlos. Als dermesaler Fisch lebt er über Sand- oder Mischgrund, wo er, eingegraben im Sand, Jagd auf über ihm schwimmende Fische macht.

Dabei schießt nur sein Maul auf die Beute zu, denn er ist kein schneller Schwimmer.

GLATTBUTT *Scophthalmus rhombus* Linné

Der Glattbutt ist zwar mit dem Steinbutt nahe verwandt, erscheint jedoch kleiner und dünner. Seine Oberhaut ist völlig glatt und nur mit winzigen Schuppen bedeckt. Seine graubraune Sprenkelung paßt sich dem Untergrund gut an. Er bewohnt einen ähnlichen Lebensraum wie der Steinbutt, und seine Nahrung besteht aus kleinen Fischen und Krebsen.

Glattbutt

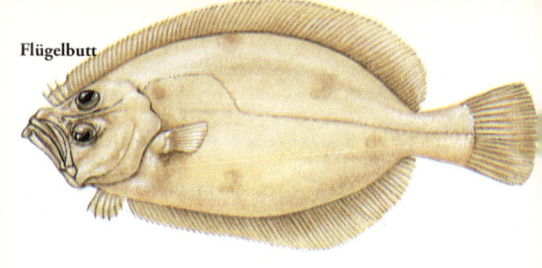
Flügelbutt

FLÜGELBUTT
Lepidorhombus whiffiagonis Walbaum

Diesen kleinen Plattfisch findet man zwar in nordeuropäischen Gewässern, doch wegen der zu geringen Wassertiefe selten in der Nordsee. Er ist dünn, linksseitig und sein Kopf sowie Kiefer und Augen relativ groß. Gegen Licht betrachtet erscheint sein Körper fast transparent. Die Schuppen lösen sich leicht ab und fühlen sich rauh an. Er ist ein wichtiger Speisefisch.

Lammzunge

LAMMZUNGE *Arnoglossus laterna* Walbaum

Sie lebt in tiefem Wasser über sandigem Grund. Neben ihrer hellbraunen Färbung kennzeichnen sie die großen, in die Haut eingelassenen Schuppen, die bei Berührung leicht abfallen. Die Seitenlinie beschreibt einen Bogen oberhalb der Brustflosse. Durch ihre längliche Form, das kleine Maul und die kleinen Augen erinnert sie an eine Seezunge.

Haarbutt

HAARBUTT *Zeugopterus punctatus* Bloch

Dieser kleine, linksseitige Plattfisch fühlt sich durch seine Schuppen pelzig an. Sein fast runder Körper ist völlig von den Flossen umschlossen, nur durchbrochen von Kopf und Maul. Sein Lebensraum ist das flache Wasser mit rauhem Grund. Auf der Oberseite zeigt er eine braune Grundfarbe mit zahlreichen dunkleren Flecken.

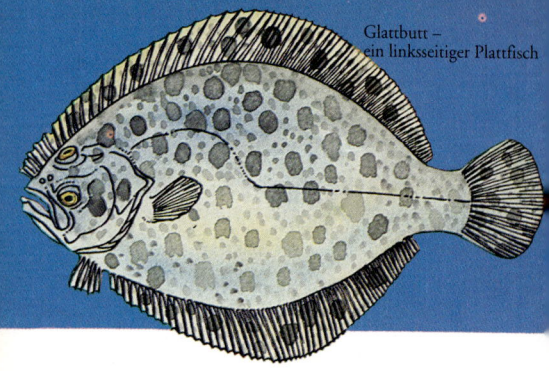

Glattbutt – ein linksseitiger Plattfisch

LINKS- UND RECHTSSEITIGE PLATTFISCHE

Alle Plattfische sind entweder links- oder rechtsseitig. Beide Augen liegen bei linksseitigen Plattfischen rechts vom Maul und bei rechtsseitigen links vom Maul. Dabei gibt es nur wenige Ausnahmen, wie z. B. die eigentlich rechtsseitige Flunder, die auch häufig linksseitig auftaucht.

Kurz nach dem Schlupf sind erst einmal alle Plattfische symmetrisch, mit je einem Auge auf jeder Seite. Ihre Lebensweise ist pelagisch, und sie schwimmen dicht unter der Wasseroberfläche. Im Laufe der Entwicklung wandert das eine Auge um den Kopf herum auf die andere Seite, welche sich dann pigmentiert, d.h. farbig wird. Ab diesem Stadium beginnt die Plattfischlarve ihr benthisches Leben, sie wandert auf den Grund.

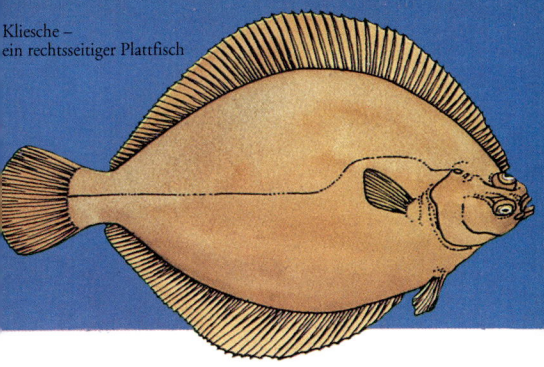

Kliesche – ein rechtsseitiger Plattfisch

Die Blindseite bleibt farblos. Ab und zu treten aber auch Albinos auf, bei denen beide Körperseiten farblos sind. Eine andere Variante sind die Zweifarbigen, bei denen auch die Blindseite pigmentiert ist.

Linksseitige Plattfische:
Bothidae: Lammzunge
Scophtalmidae: Steinbutt, Glattbutt, Flügelbutt und Haarbutt

Rechtsseitige Plattfische:
Pleuronectidae: Heilbutt, Schwarzer Heilbutt, Scholle, Flunder, Kliesche, Rotzunge und Doggerscharbe
Cynoglossidae: Hundszunge
Soleidae: Seezunge und Zwergzunge

Kliesche

KLIESCHE *Limanda limanda* Linné

Weit verbreitet in Nordeuropa findet man sie vor allem in flachen Gebieten mit Sandboden. Sie ist dünn, rechtsseitig und hat harte Schuppen, die man besonders spürt, wenn man mit der Hand gegen den Strich streicht. Die Seitenlinie ist deutlich erkennbar und beschreibt einen großen Bogen um die Brustflosse. Die Färbung ist variabel, meistens aber mittelbraun und teilweise leicht gefleckt. Der Körper ist frei von Knötchen. Als weiteres Mekmal besitzt sie einen Dorn am After.

Doggerscharbe

DOGGERSCHARBE
Hippoglossoides platessoides Bloch

Sie ist größer als die Kliesche und bewohnt die Tiefen der temperierten und arktischen Regionen des Nordatlantiks. Dort ernährt sie sich von Krebsen, Mollusken und kleinen Fischen. Die Schuppen sind groß und rauh. Die Seitenlinie beschreibt fast eine Gerade und die Haut ist knötchenlos. Die Doggerscharbe erscheint graubraun gefärbt. Ihre Rückenflosse beginnt über den Augen. Da das Fleisch recht fade schmeckt, ist sie kein begehrter Speisefisch.

SCHOLLE *Pleuronectes platessa* Linné

Dieser sowohl bei Sportanglern als auch bei Fischern sehr beliebte Fisch, ist im Nordatlantik weit verbreitet. Er bewohnt die Tiefen zwischen 10-200 m und bevorzugt einen weichen, sandigen Grund.

Kennzeichen sind der kurze, über den Kopf verlaufende Knötchenkamm, die weichen Schuppen und die nahezu gerade Seitenlinie, die nur leicht über der Brustflosse gekrümmt ist. Orange Flecken zeichnen die Körperhaut und die Flossen. Sie ist der Flunder auf den ersten Blick etwas ähnlich, fühlt sich jedoch viel schleimiger und glatter an.

Ihre Nahrung besteht aus Würmern, kleinen Krebsen und Mollusken, wobei Muscheln die Hauptnahrung bilden. Diese kann sie mit Hilfe ihrer kräftigen Schlundzähne zermalmen.

Mit der Flunder bildet sie oft Bastarde.

Scholle

FLUNDER *Platichthys flesus* Linné

Die Flunder ist im ganzen Nordatlantik und sogar im Mittelmeer verbreitet. Als sehr süßwassertolerante Art dringt sie sogar weit ins Brackwasser der Ästuare sowie in flache Salzwasserlagunen mit Süßwassereintrag vor. In Flüssen fängt man sie bis in die Bleiregion hinein. In kalten Wintern wandert sie aber wieder stromab in das tiefere, wärmere Meer. Ein gutes Bestimmungsmerkmal sind die Knochenhöcker, die in einer Reihe entlang der Seitenlinie laufen. Weitere Reihen dieser Höcker ziehen sich längs der Basis der Rücken-'und Afterflosse. Normalerweise ist sie rechtsseitig, doch Untersuchungen ergaben, daß ein Viertel der Fänge linksseitige Tiere aufwies. Die Körperfärbung der Flunder ist sehr variabel. Neben der dunkelgrünen bis grauen Farbe kann sie auch orangefarbig gefleckt sein. Die Flunder ist ein nachtaktiver Allesfresser.

Flunder –
man beachte die
Knötchen an Kopf
und Körper

ROTZUNGE, LIMANDE
Microstomus kitt Walbaum

Diese oval geformte Plattfischart lebt über felsigem und tiefem Grund in den nördlichen Meeren. Sie ernährt sich von Krebsen, Mollusken und Wirbellosen. In Europa ist sie ein wichtiger Speisefisch. Ihre tiefbraune Grundfarbe wird nur von einer grüngelben Marmorierung durchbrochen. Der Fisch fühlt sich glatt und schleimig an. Der Kopf und das Maul sind auffällig klein.

Die Hundszunge *Glyptocephalus cynoglossus* Linné ist länglicher in ihrer Gestalt als die Rotzunge. Sie lebt in den Tiefen des Nordatlantiks. Ein kleines Maul und eine gerade Seitenlinie kennzeichnen sie. Die Farbseite ist nur schwach braungrau, besetzt mit rauhen Schuppen. Ein weiteres Merkmal ist der Analdorn.

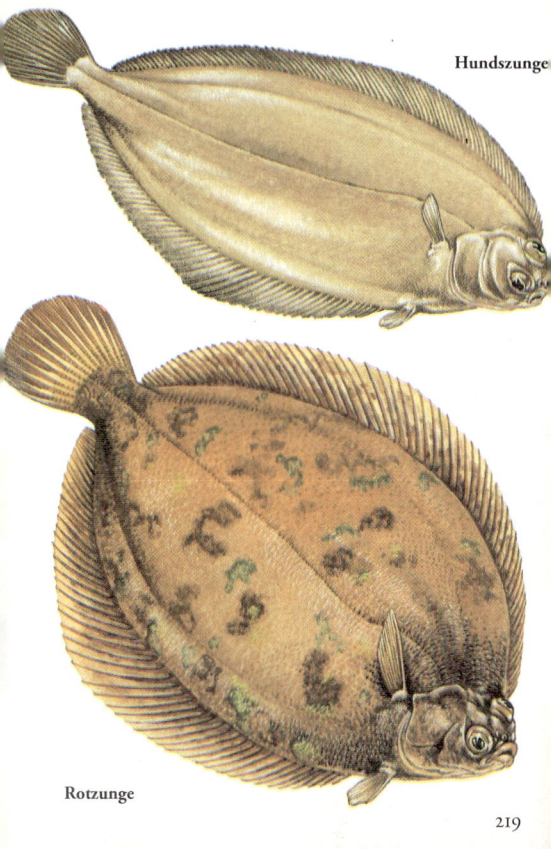

SEEZUNGE *Solea solea* Linné

Ihr Lebensraum zieht sich vom Skagerrak bis ins Mittelmeer. Dieser sehr begehrte Speisefisch ist mit seiner länglichen Ovalform und dem stumpfen Kopf von unverwechselbarer Gestalt. Auf der Blindseite sitzen zwei Nasenlöcher. Die Oberseite ist braun gefärbt, mit Reihen dunkler Flecken. An der Spitze der Brustflosse erkennt man einen schwarzen Punkt. Die Rückenflosse beginnt direkt über dem Auge. Als nachtaktiver Räuber macht die Seezunge Jagd auf Würmer, Krebse und andere Schalentiere.

Nächtliches Angeln auf Seezunge

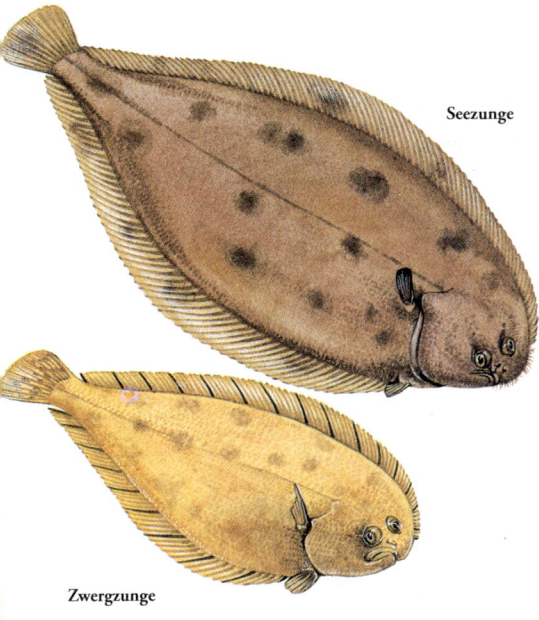

Seezunge

Zwergzunge

Die **Zwergzunge** *Buglossidium luteum* Risso ist ein winziger Plattfisch, der kaum größer als 12 cm wird. Ihre Verbreitung ähnelt der der Seezunge. Leicht zu bestimmen ist sie an den schwarzen Flossenstrahlen, die in gleichmäßigen Abständen in der After- und Rückenflosse verteilt liegen.

Seeteufel

SEETEUFEL *Lophius piscatorius* Linné

Dieser in seiner Gestalt so ungewöhnliche Fisch sieht aus, als würde er nur aus Kopf bestehen. Er bewohnt die Tiefsee des Nordostatlantiks und des Mittelmeeres. Der Kopf ist riesig groß und knollenförmig. Hinter den paddelartigen Brustflossen läuft der abgeflachte Körper spitz zu. Er besitzt ungewöhnliche, teils zu Strahlen umgeformte Flossen auf dem Rücken. Zwei einzelne dieser Strahlen baumeln vor den Augen, wobei der erste als eine Art Köder benutzt wird, nach dem unachtsame Fische schnappen. Der Seeteufel liegt dabei im Sand oder Schlamm eingegraben, um dann im richtigen Moment den irregeführten Fisch blitzschnell selber zu fressen. In seinem großen Maul mit den Reihen scharfer, gekrümmter Zähne ist die Beute unentrinnbar gefangen. Durch seine ganzen Körperanhänge ist er, halb eingegraben, gut getarnt.

MEERENGEL *Squatina squatina* Linné

Dieser eigentlich zur Familie der Haie gehörende Fisch sieht halb wie ein Rochen aus. Sein Lebensraum sind die wärmeren Meere, doch kommt er auch bis in die südliche Nordsee vor. Der abgeflachte Körper besitzt große paarige Flossen, zwei gleich große Rückenflossen und einen kraftvollen Schwanz. Seine graubraune Körperfarbe ist teilweise mit dunklen Punkten oder Streifen durchbrochen. Sein Maul sitzt am äußersten Kopfrand. Auf flachen Sänden sucht er nach Nahrung: Krabben, Schalentiere oder kleine Bodenfische. Im Winter zieht er sich in wärmere, küstenferne Gebiete zurück.

Meerengel

Springende Forelle

Stammbäume und Taxonomie

Die Natur zu klassifizieren und Verwandtschaftsverhältnisse zu klären bedeutet, alle Tiere und Pflanzen in Gruppen mit ähnlichen Merkmalen einzuordnen. Diese Gruppen stellt man am übersichtlichsten durch Stammbäume dar. Die ›Wurzel‹ dieses Stammbaumes symbolisiert die Stammformen aus Urzeiten, von denen alle folgenden Arten abstammen. Weitere, erdgeschichtlich früh entstandene Arten sitzen auf dem Stamm und den Hauptästen. Diese Arten sind schon lange ausgestorben. Nur die auf den äußersten Ästen und Zweigen beschriebenen Arten kommen auch heute noch vor.

Die unterste Einheit einer Taxonomie ist die **Art**. Variationen innerhalb einer Art, wie z. B. der Spiegelkarpfen, gelten weder als eigenständige Art noch als Unterart, sondern werden als **Rasse** einer Art bezeichnet. Die nah verwandten Arten bilden die **Gattung**; einzelne Gattungen vereinen sich in einer **Familie**. Die nächst höheren taxonomischen Stufen sind die **Unterordnung** und folgend die **Ordnung**. Eine Anzahl Ordnungen formen die **Unterklasse** und anschließend die **Klasse**, die übergeht in den **Unterstamm**, der im **Stamm** seinen Abschluß findet.

Hinter dem lateinischen Artnamen folgt der Name des Beschreibers dieser Art, wie z.B. Linné, ein schwedischer Wissenschaftler aus dem 18. Jahrhundert. Dies ist wichtig, um Verwechslungen zu vermeiden, da teilweise verschiedene lateinische Namen für eine Art existieren.

Beispiel: Der Heringshai

Art	*Lamna nasus* Bonnaterre
Gattung	*Lamna*
Familie	*Lamnidae*
Ordnung	*Lamniformes*
Unterklasse	*Elasmobranchii*
Klasse	*Chondrichthyes*
Unterstamm	*Vertebrata*

Stammbäume nach Gregory

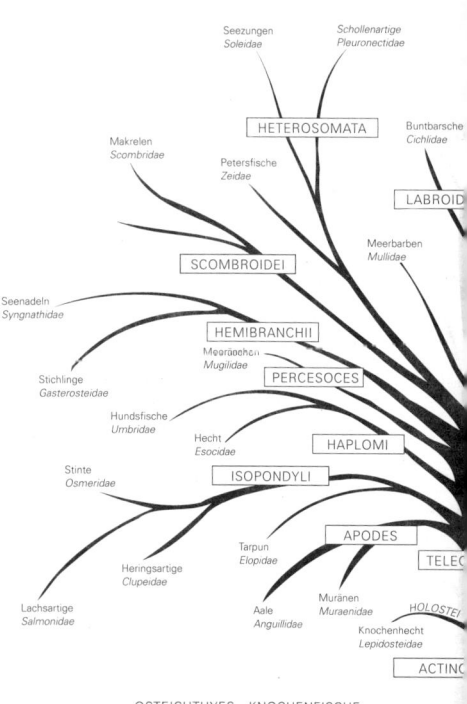

OSTEICHTHYES – KNOCHENFISCHE

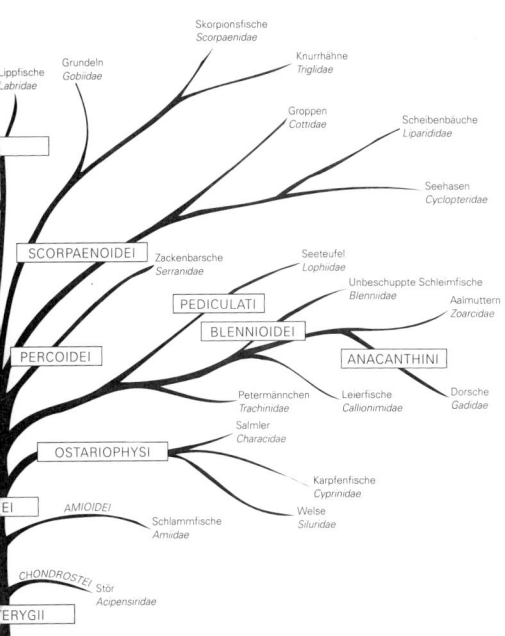

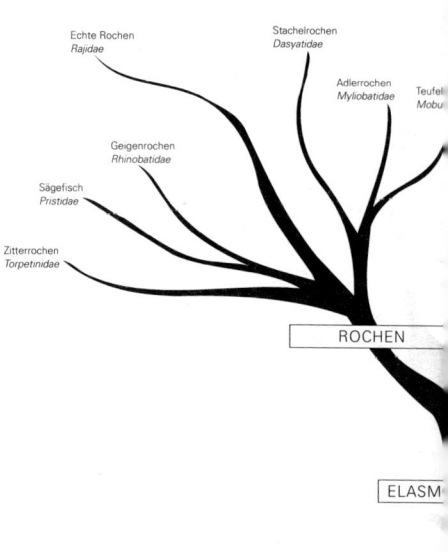

CHONDRICHTHYES – KNORPELFISCHE

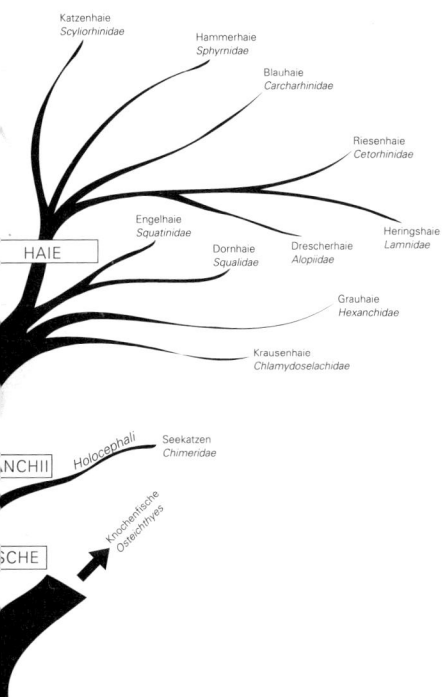

Literatur

Muus, B.J. & Dahlstöm, P. (1990), Süßwasserfische Europas – Biologie, Fang, wirtschaftliche Bedeutung, 6. Aufl., München, BLV.

Muus, B.J. & Dahlstöm, P. (1985), Meeresfische der Ostsee, der Nordsee, des Atlantiks: Biologie, Fang, wirtschaftliche Bedeutung, 5. Aufl., München, BLV.

Wheeler, A. (1969), The Fishes of the British Isles and North-West Europe.

Fricke, R. (1987), Deutsche Meeresfische. 1. Aufl., Hamburg, DJN.

Lythogoe, J. & Lythogoe, G. (1974), Meeresfische Nordatlantik und Mittelmeer. München, BLV.

Pivnicka, K. & Cerny, K. (1987), Dausien's großes Buch der Fische. Hanau, Vlg. W. Dausien.

Register der deutschen Namen

Aal, Fluß- 80-83,
  Meer- 130-133
Aalmutter 192
Aland, Orfe 54f.
Alse; Maifisch 24f.
Anchovi, Sardelle 126f.
Äsche 40f.

Bachsaibling 37
Barbe 66f.
Barsch
  Fluß- 86f.,
  Forellen- 90f., Grau- 168f.,
  Kaul- 90, Klippen- 174f.,
  Sonnen- 92f., Wolfs- 164-
  167, Wrack 200f.
Bitterling 68
Blaumaul 182
Blei 70f.
Blonde 112
Brachsenmakrele 163
Buckellachs 29

Butterfisch 199

Döbel 52f.
Doggerscharbe 215
Dorsch
  Frosch- 151,
  Franzosen- 142, Gabel- 150,
  Zwerg- 146f.

Eberfisch 156f.
Elritze 56f.
Finte 24f.
Fleckengrundel 194f.
Flügelbutt 210
Flunder 217
Flußneunauge 20f.
Forelle Bach- 30-33, Meer- 34,
  Regenbogen- 35, See- 32f.
Fünfbartelquappe,
  Nördliche 152f.

Glattbutt 209

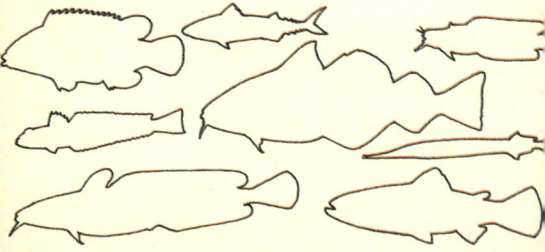

Goldfisch 54f.
Glatthai
 -, Gefleckter 104f.,
 -, Südlicher 104f.
Goldmaid 174f.
Gotteslachs 155
Grasnadel 134f.
Groppe, Koppe 92f.
Gründling 56f.
Güster; Blicke 69

Hai
 Blau- 102f., Dorn- 104f.,
 Fuchs- 100f., Hammer- 100f., Herings- 96f.,
 Hunds- 108f., Makrelen- 96f., Riesen- 98f.
Haarbutt 211
Hasel 50f.
Hecht 42-45, Makrelen- 129,
 See- 149, Horn- 128

Heilbutt 206,
 -, Schwarzer 206f.
Hering 125
Hundszunge 218f.

Kabeljau, Dorsch 136-139
Karausche 75
Karpfen Schuppen- 74,
 Spiegel- 72, Leder- 72f.
Katzenhai
 -, Kleingefleckter 106f.,
 -, Großgefleckter 106f.
Kliesche 214
Köhler, Seelachs 144f.
Knurrhahn
 -, Gestreifter 187,
 -, Grauer 186,
 -, Roter 185, Langflossen- 187 -, Langstacheliger 187

Lachs 26-29

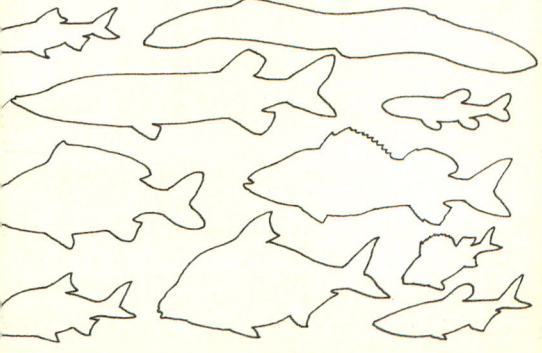

Lammzunge 210f.
Leierfisch
 -, Gestreifter 188f.
Leng 148
Lippfisch
 -, Gefleckter 170f.
 -, Kleinmäuliger 175f.
 Kuckucks- 172f.
Lumb 146f.

Makrele 160f.
Maräne
 -, Kleine 38f.
Meeräsche
 -, Dünnlippige 202f.,
 -, Dicklippige 202f.,
 Gold- 204f.
Meerengel 223
Meerjunker 174f.
Meerneunauge 20f.
Mondfisch 154

Nordseeschnäpel 38f.

Petermännchen
 -, Großes 176f.,
 -, Kleines; Viperqueise 177
Petersfisch, Heringskönig 156f.
Plötze, Rotauge 46-49
Pollack 144f.

Quappe 78f.

Rochen
 Flecken- 113, Glatt- 121,
 -, Hellfleckiger 116f.,
 Kuckucks- 115, Marmor- 116f., Nagel- 110,
 Sand- 116f., Spitz- 123,
 Stech- 119, Stern- 114,
 Weiß- 122
Rotbarsch
 -, Großer 183,
 -, Kleiner 183
Rotfeder 58-61
Rotzunge, Limande 218f.

Sandaal
 -, Großer 196f.,
 -, Kleiner 196f.
Sandgrundel 194f.
Sardine 126f.
Schan 204f.
Schellfisch 140f.
Schlangennadel
 -, Kleine 134f.,
 -, Große 134f.
 Krummschnauzige 134f.
Schleie 62-65
Schleimfisch,
 -, Gestreifter 192f.,
 -, Montagu's 192,
 -, Stachelrücken 192
Schmerle, Bartgrundel 76
Scholle 216
Schwarzgrundel 194f.
Schwebrenke,
 Große; Blaufelchen oder
 Ostseeschnäpel 38f.
Schwertfisch 181
Seebull 188f.
Seehase 198f.

Seehecht 149
Seekuckuck 184
Seenadel
 -, Kleine 134f.,
 -, Große 134f.,
Seequappe
 -, Dreibärtelige 152,
 -, Vierbärtelige 152f.,
 -, Fünfbärtelige 152f.,
 Mittelmeer- 152
Seeskorpion 188f.
Seeteufel 222
Seewolf
 -, Gestreifter; Kattfisch 178f.
Seezunge 220f.
Sprotte 124
Steinbeißer 77
Steinbutt 208f.
Steinpicker 200
Stichling
 -, Dreistachliger 84f., 190f.
 See- 84f.; 190f.
 Zwerg- 84f., 191
Stint 41
Stöcker, Holzmakrele 158-161

Stör 22f.
Strandgrundel 92-3
Streifenbarbe 162
Streifenbrasse 168f.

Thunfisch 180

Ukelei, Laube 68

Viperqueise, Kleines Petermännchen 177

Wandersaibling 36
Wels, Waller 78f.
Wittling; Merlan 143
 Blauer 146f.
Wolfsbarsch 164-7
Wrackbarsch 200f.

Zander, Schill 88f.
Zitterrochen, Schwarzer 118
Zwergdorsch 146f.
Zwergstichling 84f., 191
Zwergzunge 221

Register der lateinischen Namen

Abramis brama 70f.
Acipenser sturio 22f.
Agonus cataphractus 200
Alburnus alburnus 68
Alopias vulpinus 100f.

Alosa alosa 24f.
Alosa fallax 24f.
Ammodytes tobianus 196f.
Anarhichas lupus 178f.
Anguilla anguilla 80-83

Flußbarsch

Arnoglossus laterna 210f.
Aspitrigla cuculus 184
Aspitrigla obscura 187
Barbus barbus 66f.
Belone belone 128
Blennius galerita 193
Blennius gattorugine 193
Blennius pholis 204f.
Blicca bjoerkna 69
Brama brama 163
Brosme brosme 146f.
Buglossidium luteum 220f.
Callionymus lyra 188f.
Capros aper 156f.
Carassius auratus auratus 54f.
Carassius carassius 75
Centrolabrus exoletus 174f.
Cetorhinus maximus 98f.
Chelon labrosus 202f.
Chirolophis ascanii 193
Ciliata mustela 152f.
Ciliata septemtrionalis 152f.
Clupea harengus 125
Cobitis taenia 77
Conger conger 130-133
Coregonus albula 38f.

Coregonus lavaretus 38f.
Coregonus oxyrhynchus 38f.
Coris julis 174f.
Cottus gobio 92f.
Crenilabrus melops 174f.
Ctenolabrus rupestris 174f.
Cyclopterus lumpus 198f.
Cyprinus carpio 72-75
Dasyatis pastinaca 119
Dicentrarchus labrax 164-167
Engraulis encrasicolus 126f.
Entelurus aequoreus 134f.
Esox lucius 42f.
Eutrigla gurnardus 186
Gadus morhua 136-139
Gaidropsarus mediterraneus 152f.
Gaidropsarus vulgaris 152f.
Galeorhinus galeus 108f.
Gasterosteus aculeatus 84f., 190f.
Glyptocephalus cynoglossus 218f.
Gobio gobio 56f.
Gobius niger 194f.
Gymnocephalus cernua 90

Helicolenus dactylopterus 182
Hippoglossoides platessoides 215
Hippoglossus hippoglossus 206f.
Hyperoplus lanceolatus 196f.
Isurus oxyrhynchus 96f.
Labrus bergylta 170f.
Labrus bimaculatus 172f.
Lamna nasus 96f.
Lampetra fluviatilis 20f.
Lampris guttatus 155
Lepidorhombus whiffiagonis 210
Lepomis gibbosus 92f.
Leuciscus cephalus 52f.
Leuciscus idus 54f.
Leuciscus leuciscus 50f.
Limanda limanda 214
Liza aurata 202-205
Liza ramada 202f.
Lophius piscatorius 222
Lota lota 78f.
Melanogrammus aeglefinus 140f.
Merlangius merlangus 143
Merluccius merluccius 149
Micromesistius poutassou 146f.
Micropterus salmoides 90f.
Microstomus kitt 218f.
Mola mola 154
Molva molva 148
Mullus surmuletus 162
Mustelus asterias 104f.
Mustelus mustelus 104f.
Myxocephalus scorpius 188f.
Nerophis lumbriciformis 134f.
Nerophis ophidion 134f.
Noemacheilus barbatulus 76
Oncorhynchus gorbuscha 29
Oncorhynchus mykiss 35
Osmerus eperlanus 41
Pagellus bogaraveo 168f.
Perca fluviatilis 86f.
Petromyzon marinus 20f.
Pholis gunnellus 199
Phoxinus phoxinus 56f.
Phycis blennoides 150
Platichthys flesus 217
Pleuronectes platessa 216
Pollachius pollachius 144f.
Pollachius virens 144f.
Polyprion americanum 200f.
Pomatoschistus microps 92f.
Pomatoschistus minutus 194f.
Pomatoschistus pictus 194f.
Prionace glauca 102f.
Psetta maxima 208f.
Pungitus pungitus 84f.,190f.
Raja alba 122
Raja batis 120f.
Raja brachyura 112
Raja circularis 116f.
Raja clavata 110f.
Raja microcellata 116f.
Raja montagui 113
Raja naevus 115
Raja oxyrhynchus 123
Raja radiata 114
Raja undulata 116f.
Raniceps raninus 151

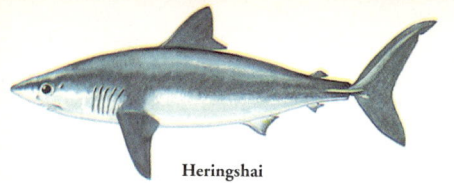

Heringshai

Reinhardtius hippoglossoides 206f.
Rhinonemus cimbrius 152f.
Rhodeus sericeus amarus 68
Rutilus rutilus 46-49
Salmo salar 26f.
Salmo trutta fario 30f.
Salmo trutta lacustris 30f.
Salmo trutta trutta 34
Salvelinus alpinus 36
Salvelinus fontinalis 37
Sardina pilchardus 126f.
Scardinius erythrophthalmus 58-61
Scomber scombrus 160f.
Scomberesox saurus 129
Scophthalmus rhombus 209
Scyliorhinus caniculus 106f.
Scyliorhinus stellaris 106f.
Sebastes marinus 183
Sebastes viviparus 183
Silurus glanis 78f.
Solea solea 220f.
Sphyrna zygaena 100f.
Spinachia spinachia 84f.,190f.
Spondyliosoma cantharus 168f.
Sprattus sprattus 124
Squalus acanthias 104f.
Squatina squatina 223
Stizostedion lucioperca 88f.
Syngnathus acus 134f.
Syngnathus rostellatus 134f.
Syngnathus typhlé 134f.
Taurulus bubalis 188f.
Thunnus thynnus 180
Thymallus thymallus 40f.
Tinca tinca 62-65
Torpedo nobiliana 118
Trachinus draco 176f.
Trachinus vipera 176f.
Trachurus trachurus 158-161
Trigla lucerna 185
Trigla lyra 187

Trigloporus lastoviza 187
Trisopterus luscus 142
Trisopterus minutus 146-7
Xiphias gladius 181
Zeugopterus punctatus 211
Zeus faber 156f.
Zoarces viviparus 192